JN056152

動画で早わかり！

「教科担任制」時代の

新しい

体育指導

編著：根本正雄

体つくり運動・陸上運動
編

☀学芸みらい社

まえがき

　新学習指導要領では、小学校でも教科担任制が導入される。教科の専門性が問われる時代がくる。

　体つくり運動・陸上運動の高学年の学習内容は、専門的な指導力が必要とされる。専門的な指導のもとに行わなければ、技能の向上は図れない。そして、怪我にもつながる。教師は体育指導のプロとしての指導技術を身につける必要がある。

　本書は、そのような教科担任制に向けて、専門の力量の習得を図ることを目指している。

●第1部は、「体つくりの運動遊び／体つくり運動」の指導法が紹介されている。
●第2部は、「走・跳の運動遊び／陸上運動」の指導法が紹介されている。

　紙面の構成としては、学年別に、教材ごとの具体的な指導の方法・手順を紹介。合わせて、その方法・手順を「学習カード」のページに掲載されたQRコードから動画で視聴することができる。

　各学校に1人1台のタブレットが導入された。中教審答申では、「ICTはこれからの学校教育を支える基盤的なツールとして必要不可欠であり、心身に及ぼす影響にも留意しつつ、日常的に活用できる環境整備が必要」であると述べられている。

　当然、「ICTの活用に向けた教師の資質・能力の向上」を行わなければならない。ICTを活用した指導力の向上、指導法の充実が求められているのである。そこで問題なのは、「1人1台のタブレットを、どのように授業に活用するのか」ということである。

　中教審答申では、応じるべき2つの「個」として、次の2点が示されている。

1.指導の個別化………特性や学習進度等に応じる
2.学習の個性化………子供の興味・関心等に応じる

　指導の個別化と学習の個性化を図るためには、ICTの活用と同時に、それらを実現する教材が必要である。子供の特性や学習進度に応じたり、子供の興味・関心に応じたりできる教材である。

　体育の指導においてその課題を解決するのが本シリーズ『動画で早わかり！「教科

担任制」の新しい体育指導』である。シリーズ前作「器械運動編」と同じく、第2弾となる本書「体つくり運動・陸上運動編」では、学習指導要領に例示されている48の教材について、上述のとおり動画を視聴できる。

　教師は、自身が苦手な教材でも指導しなければならない。特に、体育指導の苦手な教師は、文字だけではイメージが湧かない。そのときに役立つのが動画である。実際にどんな方法で、どのような手順で、どのような場で指導すればよいのかが、動画を見ることによって理解できる。これは、体育指導の専門性を習得する場合も同じである。
　運動の苦手な子供にも得意な子供にも共通して大切なのは、動きのイメージ化である。どんな動きか、どんな方法かを映像で示せばすぐに理解できる。
　また、動画内のテロップでは方法・手順・技のポイントが具体的に示されている。
　動画を手がかりに、個々の子供の興味・関心・意欲等を踏まえて、きめ細かな指導・支援をすることができる、つまり、指導の個別化ができるようになっている。

　すべての動画は、子供自身がタブレットで視聴することもできる。動画は子供が見ても分かるように作られている。
　動画を見ることで子供は自分のつまずき・悩みなどを理解し、自らの学習の状況を把握して、主体的に学習ができるようになる。また、仲間との教え合いもできる。
　また、子供が自身の学びをフィードバックできる「学習カード」を、教材ごとに1つずつ明示・紹介している。毎時間の評価を通して自己の学習を振り返り、悪いところを直していけるように作られている。学習カードの活用により、子供が運動好きになり、自主的に活動できるようになる。

　本書は新学習指導要領にそった指導法を紹介し、体育指導の苦手な教師、さらに教科担任制の時代に向けて力量を高めたい教師に役立つ内容で構成されている。教師・子供がともにICT技術を習得し、指導の個別化・学習の個性化を実現する教材としてご活用いただき、運動の楽しさを子供たちに指導していってほしい。

2021年5月31日
根本正雄

本書の使い方

　本書は1つの教材を以下の内容で、4ページで紹介している。

1　展開

（1）学習のねらい

（2）学習のねらいを体現する発問・指示

　新学習指導要領の「主体的な学び・対話的な学び・深い学び」の意図を汲み取る。「教師⇒子供」のワンウェイの発問・指示にならないように構成されている。発問・指示をきめ細かくすることで、新学習指導要領の「主体的な学び・対話的な学び・深い学び」をはっきりと「見える化」し、合わせて評価の観点が示されており、このまま授業が展開できる内容になっている。

2　NG指導

　「野球肘」など、子供の体への負担が問題になる課題も多い。そのような、気をつけるべきことも伝える必要がある。「これはやってはだめ」というNG事例が紹介されている。

3　場づくり

　運動の苦手な子供が上達する場づくりを示す。教師が説明しなくても自然に上達する、スモールステップの場づくりが紹介されている。場づくりが動きを引き出す。

　最初に「準備物」が紹介されている。授業で、何をいくつ用意するかが示されている。

　第1章「体つくりの運動遊び／体つくり運動」では、次のようになっている。

（1）「**習得の段階**」　基礎感覚・基礎技能づくりの場づくりが示されている。

（2）「**活用の段階**」　応用した動きづくりの場づくりが示されている。

（3）「**探究の段階**」　発展した課題の場づくりが示されている。

　第2章「走・跳の運動遊び／陸上運動」では、次のようになっている。

（1）「**基本の場**」　基礎感覚・基礎技能づくりのための場づくりが示されている。

（2）「**習熟度別の場**」　中心課題の場づくりが示されている。自分の挑戦したい場を選んで練習できるようになっている。

4　ミニコラム

　サッカーの始まりやマラソンの42.195kmという距離など、スポーツの「一口話」が多々ある。体育教育に活かすことができる素材となる話が紹介されている。

　授業の導入で子供に話してあげると意欲が高まる。

5　方法・手順

　運動の苦手な子供が、できるようになる方法・手順が示されている。

　体育指導の苦手な教師は、文字だけではイメージが湧かない。実際にどんな方法で、どのような手順で、どのような場で指導するかをイラスト・写真を見ることによって理解できる。

　すべての教材で方法・手順がイラスト・写真で紹介されている。運動の苦手な教師でもイメージ化できるようになっている。

6 コツ・留意点

　方法・手順が分かっても、指導のコツや留意点が理解されていないと指導は難しい。教材ができるためのテクニカルポイントが大事である。

　その教材のコツ・留意点がイラスト・写真で憔悴されている。

7 この技でのチャンピオンは、ここまでできる！

　新学習指導要領では今までにない新しい教材が入っている。すべての教材で到達する技の内容が示されている。これもイラスト・写真で示してある。これを見てどこまで目指すのかが理解できる。

　また、実際の子供の動きがどこに当たるかを診断し、指導できる。到達する技をイメージして指導できるようになっている。

学習カードの活用

　イラスト・写真によって動きの順番、技のポイント、評価の観点が示されている学習カードの活用により、以下のような「主体的・対話的で深い学び」を実現する授業ができるようになっている。

【主体的】　お互いに方法やコツを伝え合う。

【対話的】　友達との関わりが生まれる。アドバイスにより技が高まる。

【深い学び】　運動することの楽しさが味わえる。

　今までの授業の対話的な方法は、話し合い活動であった。

　本書では「技のポイントを示した学習カード」を活用して対話がなされる。具体的な技のポイントの振り返り・評価活動ができるようになっている。

　その結果、友達との関わりが生まれ、技が高まり、運動することの楽しさが味わえる。

動画で指導できる

　専門的な力量を身につけるためには、動画は必須である。どんな指導をどのようにしたらよいのかが、動画で確認できれば指導は容易になる。

　動画は学習カードの手順・内容と完全に対応しており、学習カードの最後に掲載されたQRコードから視聴することができる。

動画の見方

　教材ごとの動画を、QRコードからスマートフォンやタブレットで読み取る。教師は勿論、子供も学習中にタブレットで閲覧し、友達と学び合うことができる。

　動画には詳しい技のポイント、手順・方法、評価基準が示されており、学習指導要領の「主体的・対話的な深い学び」ができるようになっている。

　また、巻末の**「全動画 ウェブ・ナビゲーション」**（p.204〜209）は、本書の各「学習カード」末尾に掲載した全QRコードの一覧である。パソコンで視聴する場合には、同ページ掲載のQRコードとURLから全動画にアクセスすることができる。

2 走・跳の運動遊び／陸上運動 122

§走・跳の運動遊び

§陸上運動

体つくりの運動遊び／
体つくり運動

§ 体つくり運動

低学年 ●

1. 体ほぐしの運動遊び
2. 多様な動きをつくる運動遊び

中学年 ●

1. 体ほぐしの運動
2. 多様な動きをつくる運動

高学年 ●

1. 体ほぐしの運動
2. 体の動きを高める運動

体ほぐしの運動遊び

①用具を使った運動遊び

金子真理

1 展開

（1）学習のねらい

　①用具をつかむ、下ろす、回す、投げる、捕るなどの動きで構成される運動遊びを通して、用具を操作する動きを身につけることができる。

　②新聞棒の遊び方を工夫して友達に伝えることができる。

（2）学習のねらいを体現する発問・指示

　主体的な学びの発問・指示→新聞紙棒で、どんな遊び方ができますか。

　対話的な学びの発問・指示→投げた棒をどうやったら上手に捕れますか。

　深い学びの発問・指示→全員が倒れる前に、どうやったら棒を捕れますか。

指示1　準備運動をします。1人1本新聞棒を持ちます（上げ下ろし、運ぶ、跳ぶ、転がすなど棒を使っていろいろな運動を行う）。

発問1　新聞棒を使って、どんな遊びができますか。3つやってみましょう（いくつか発表させる）。

説明1　上に投げて、捕ります（やってみる）。●棒を見ながら捕る。●捕る時に膝を曲げる。……等。

指示2　やってみましょう。
　　　　　●投げて捕る。1回手を叩いて捕る。回って捕るなど、色々な技に挑戦する。
　　　　　●2人ペアになって、投げて捕る。

指示3　2人でペアになって、相手の棒を取ります。
　　　　　●『前にならえ』くらいの距離で。30秒くらい。

発問2　どうやったら2人とも棒を取れますか
　　　　　●「せーの」と声をかける。●どっちに取りに行くか決める。●さっと動く。……等。

指示4　やってみましょう（2人でできたら4人で）。

指示5　今日の学習の振り返りを書きましょう。

指示6　友達にぶつけないように片付けましょう。

❶準備運動をする　棒を持って、上げる、下ろす、運ぶ、跳ぶ、転がすなどを行う。

↓

❷発問　新聞紙棒で、どんな遊びができますか。

評価の観点　3つは遊びを考えることができたか。

↓

❸発問　（上手な人を見て）どうやったら上手に捕れますか。

評価の観点　膝を曲げながら捕ることができたか。

×は❸へ

↓

❹発問　2人ペアで倒れる前に棒を捕るには、どうすればいいですか。

評価の観点　2人ともが取れる方法が分かる。

↓

❺学習カードで評価する
　□成果の確認をする。
　□課題の把握をする。

2 NG事例

（1）投げる時に高く遠くまで投げすぎない。

（2）友達を叩いたり、棒でついたり、危険なことをさせない。

3 場づくり

準備物／新聞棒(体育棒の場合は、マットもあるとよい)、ミニコーン

(1)「習得の段階」……『新聞棒の投捕』1人で基本的な動きを習得する。

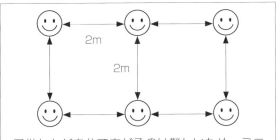

子供たちが自分で広がるのは難しいため、ミニコーンを置くと分かりやすい。

◀投げる準備

投げる▶

◀捕る

●コーンの後ろに1人ずつが立ち、広がって運動をする。

(2)「活用の段階」……『ペアで新聞棒の投捕』2人で応用した動きを行う。

(3)の場のように広がって、運動を行う。

▲投げる準備　　　　▲投げる　　　　　▲捕る

●ミニコーンを挟んで、向かい合って運動をする。
●全員が同じ方向に向かい合うと安全に行うことができる。

(3)「探求の段階」……『相手の棒を取る』集団で発展した動きを行う。

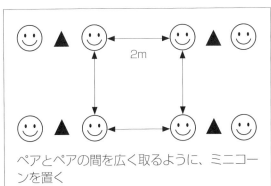

ペアとペアの間を広く取るように、ミニコーンを置く

●ミニコーンを挟んで、向かい合って運動をする(コーンの大きさによって、運動を行う場所は横にする等、配慮するとよい)。

①かけ声をかける。
②どちらに動くか決めておいて、相手の棒を捕りに行く。

4 ミニコラム

　用具を投げて捕るということは、その動きに合わせて、体を動かすことを学ぶことができる運動である。棒という特性を生かし、両手で投げたり、棒が回るように投げたりすることもできる。日常生活の中で行うことは困難であるため、色々な活動を通して、自分の体を調整したり、友達と動きを合わせたりする体の使い方を慣れさせていきたい。

5　方法・手順

（1）「習得の段階」……『新聞棒の投捕』1人で基本的な動きを習得する。

　①上に投げて、両手で捕る。

　②上に投げて、1回手を叩いて捕る。

　③上に投げて、〇回手を叩いて捕る（2、3、4、5回と増やしていく）。

　④上に投げて、回って捕る。

（2）「活用の段階」……『ペアで新聞棒の投捕』2人で応用した動きを行う。

　①2人で向かい合って、相手が投げた棒を捕る。

　②相手が投げた棒を捕る前に手を1回叩いてから捕る。

　③相手が投げた棒を捕る前に1回、回って捕る。

（3）「探求の段階」……『相手の棒を取る』集団で発展した動きを行う。

　①せーの、などと掛け声を掛けて相手の棒を捕りに行く。

　②どちらに動くのか話し合って、棒を捕りに行く。

　③何度も挑戦しながら、どうやったら棒を捕れるのか、コツ
　　を見つける。

　④2人でできるようになったら、4人でもやってみる。

▲4人で行うバージョン

6　コツ・留意点

（1）棒を見ながら捕る。

（2）ペアやグループでかけ声をかけて一緒に動く。

（3）運動する場が近いと危ないので、ミニコーンなどを置き、安全を確保する。

見る

▲どちらに行くか話し合う
様子

▲ミニコーンなどを置いて
運動している様子

7　この技でのチャンピオンは、ここまでできる！

▲膝を曲げて準備

▲投げる

▲棒を見て

▲膝を曲げて捕る

用具を使った運動遊び「新聞棒（体操棒）」

年　　組　　番（　　　　　　　　）

レベル	内容	やり方	振り返り
1 両手で投げて捕る	技(わざ)と自己評価(じこひょうか)のポイント 両手で投げて、両手で捕る。 ◎→捕る時に膝を曲げる／○→捕れる／△→捕れない	上にスーと投げる	月　　日 ・ ・ ・ できばえ ◎ ○ △
2 手を叩いて捕る	両手で投げて、手を叩いて両手で捕る。 ◎→3回叩いて捕れる／○→1回叩いて捕れる／△→捕れない	パチッと叩く	月　　日 ・ ・ ・ できばえ ◎ ○ △
3 2人で投げて捕る	両手で投げた棒を、相手の人が捕る。 ◎→捕る時に膝を曲げる／○→捕れる／△→捕れない	ポンと投げる	月　　日 ・ ・ ・ できばえ ◎ ○ △
4 2人で棒を捕る	棒が倒れる前に、相手の棒を捕る。 ◎→2人とも捕れる／○→1人捕れる／△→捕れない	せーの！	月　　日 ・ ・ ・ できばえ ◎ ○ △
5 4人で棒を捕る	棒が倒れる前に、他の人の棒を捕る。 ◎→全員捕れる／○→3人捕れる／2人捕れる／△→1人捕れる、捕れない	せーの！ダッシュ	月　　日 ・ ・ ・ できばえ ◎ ○ △

学習カードの使い方：できばえの評価

レベル1・3の評価：◎よくできた→捕る時に膝を曲げる／○できた→捕れる／△もう少し→捕れない

※振り返りには、「自分で気づいた点」と「友達が見て気づいてくれた点」の両方を書きます。

13

体ほぐしの運動遊び

②リズムに乗って、心が弾む動作の運動遊び

砺田 栄

1 展開

（1）学習のねらい

①風船の特性を生かし、曲をかけながら誰でも楽しく体つくりができる。

②風船を操作し「投げる、つく、足で上げる、打つ」などボール運動系の技能つくりにつなげる。

（2）学習のねらいを体現する発問・指示

主体的な学びの発問・指示→風船を高く上にあげます。体のどこを使って上に弾ませますか。

対話的な学びの発問・指示→「うちわ」で風船ラリー（打ち合いっこ）をします。どんな打ち方がありますか。

深い学びの発問・指示→仲間と風船円陣パス（円になって回していく）をします。パスを続けるには、どうしたらよいですか。

指示1 太鼓に合わせて、前向き走、後ろ向き走、スキップ、ケンケンパーをします。

説明1 風船を高く上げ、体の一部を使って風船を弾ませます。頭や手など、10回やってみましょう。

発問1 風船を落とさないでつくコツは何ですか？

指示2 2人組をつくり座りましょう。「うちわ」を使ってラリー（打ち合いっこ）をします。うちわの持ち方はこうです（例示）。10回ラリーしてみましょう。

発問2 ラリーで続けるコツは何ですか？

説明2 風船の動きを見て移動しながら打つ、またふんわり打つ、など、相手のことも考えて打てるといいですね（例示）。

指示3 4～5人のグループをつくり座りましょう。風船で円陣パス（円になって回していく）をします。タオルの端と端を持って円をつくります。

説明3 先生が風船を中に入れます。タオルを離さないで風船を弾ませてください。30秒間やってみましょう。

発問3 仲間とタオルを離さないで行うコツは何ですか？

説明4 自分のことだけではなく、仲間のことも考えて動くことが大切です。○○グループは声が出ていますね。また風船だけではなく、お友達の動きもよく見ていて素敵です。

指示4 風船や用具の片付けをします。うちわは赤いフープの中、タオルは青いフープの中、風船は股に挟んで落とさないよう運び、倉庫の中へ入れます。

❶指示 太鼓に合わせて、基本走りをする。

↓

❷発問 風船を、落とさないでつくコツは何か。

評価の観点 よく見て、タイミングを計ってついているか。

↓

❸発問 ラリーで続けるコツは何か。

評価の観点 風船の動きを見て、打てる位置に移動しているか。

↓

❹発問 円陣パスで仲間とタオルを離さないで行うコツは何か。

評価の観点 円を意識しているか。ゆっくり移動できるか。

↓

❺学習カードで評価する

□成果の確認をする。

□課題の把握をする。

×は❸または❷へ

2 NG事例

（1）狭い空間で行うとぶつかったり、転倒したりする。狭い空間では行わない。

（2）用具（うちわ）を使用する際、扱い方を説明する。説明がないとケガにつながることもある。

（3）円陣パスでは、後ろに下がる際は「気を付けながら」と伝えておく。伝えておかないと転倒する子がいる。

3 場づくり

準備物／風船、うちわ、タオル（1人1つずつ）、ケンステップ6〜8個（目印）、CDデッキ、曲（好みで）

（1）「習得の段階」……『風船の動きに合わせてつく』1人で基本的な動きを習得する。

（2）「活用の段階」……『うちわでラリー』2人で応用した動きを行う。

（3）「探求の段階」……『タオル持ち円陣パス』集団で発展した動きを行う。

4 ミニコラム

　風船を用意する際、安い風船でもたくさんの種類がある。キラキラ入りのもあるが割れることを考えて、オーソドックスなものがよい。また、膨らます際は、押しても引いても空気が入る「ハンドポンプ」が便利。通販で1本600円程からある。密接にならない工夫で、手をつなぐ所をタオル使用で行った。円が広くなりタオルの部分も弾むので、やりやすい。特別支援学級の子供や幼児には、「柄のあるうちわ」ではなく「柄のないうちわ」や「牛乳パック」使用もオススメ。力いっぱい打てて、ストレス発散にもなる。

5　方法・手順

（1）「習得の段階」……1人で自由に（次に指定）風船をつく（曲を使用、広がる）。

　①連続で同じ部位で行う（もも10回、指で10回など）。

　②連続で違う部位で行う（もも、指、頭など組み合わせて10回つく）。

　③指定した部位で行う（頭、右手の甲、右ももなど各10回）。

　※風船の動きに合わせて動き、体をほぐしていく。

（2）「活用の段階」……2人で「うちわ」を使ってラリーをする（距離をとる）。

　①「うちわ」の持ち方を指導。表は、親指が見えるように。裏は、
　　人差し指が見えるように持つ。

　②下から打つ。風船の下に「うちわ」を持ってきて下から上に打つ。

　③上から打つ。風船の下に体を移動させて、上から強めに打つ。

　④床に着いたのを打つ。風船を「うちわ」で転がすように打つ。

　※相手のことを考えながら10回以上続けるコツを考える。

（3）「探求の段階」……グループで円陣パスをする。

　①4〜5人のグループをつくる。タオルの端を持ち円をつくる。

　②タオルを離さないで、風船を上に弾ませる。

　③落とさないで何回続くか、回数を競う（制限時間30秒で、など）。

6　コツ・留意点

（1）風船の落ちてくるスピードやタイミングに合わ
　　せて体の部位を使う。次は歩きながら、回りな
　　がら、ケンケンしながら、寝ながらなどで行う
　　と楽しい。

（2）ラリーでは、いろいろな打ち方があることに気
　　づく。相手や風船の動きに合わせた打ち方をし
　　ていくとよい。

（3）円陣パスでは、仲間と声を出すなど、協力して
　　風船を落とさないで続けるコツを見つける。やっ
　　ていると円が移動して、他の円とぶつかる可能
　　性があるので、目印にケンステップなどを置くとよい。

7　この技でのチャンピオンは、ここまでできる！

風船を、上にあげて頭、胸、腕、手などの体の一部を使って、前に進み運べる。

リズムに乗って、心が弾む動作の運動遊び「風船を使った動き」

年　　　組　　　番（　　　　　　　　　　　）

レベル	内容	やり方	振り返り
1 風船を上につく **技**と**自己評価**（しこひょうか）**のポイント** 風船を投げて連続でつく。 ◎→10回できる／○→7回できる／△→5回できる		風船の動きに合わせてつけるかな	月　　　日 ・ ・ ・ できばえ ◎ ○ △
2 風船を指定部位でつく 指定した部位のみで連続でつく。 ◎→10回できる／○→7回できる／△→5回できる		風船の下に体の部位を持ってこよう	月　　　日 ・ ・ ・ できばえ ◎ ○ △
3 用具を使ってつく 3つの用具を使ってつく。 ◎→3つで10回できる／○→2つで7回できる／△→1つで5回できる		タイミングよく上にあげよう	月　　　日 ・ ・ ・ できばえ ◎ ○ △
4 2人でラリーする① 3つの用具を使って自由に打つ。 ◎→3つで10回続く／○→2つで7回続く／△→1回相手に返した		風船と相手をよく見て打てるかな	月　　　日 ・ ・ ・ できばえ ◎ ○ △
5 2人でラリーする② 指定した打ち方で打つ。 ◎→上から打てた／○→下から打てた／△→落下したのを打てた		距離を短く打つ　ふんわり打つ　まっすぐ打つ	月　　　日 ・ ・ ・ できばえ ◎ ○ △
6 円陣パス グループでパスをする。 ◎→5回続いた／○→用具を離さなかった／△→仲間に声をかけた		腕を伸ばしてタオルを持ちながらできるかな	月　　　日 ・ ・ ・ できばえ ◎ ○ △

●学習カードの使い方：できばえの評価●

レベルの評価：◎よくできた／○できた／△もう少し
※振り返りには、「自分で気づいた点」と「友達が見て気づいてくれた点」の両方を書きます。
※今回の動画では、楽曲使用なしで載せています。

（ア）体のバランスをとる運動遊び

① 回るなどの動きの運動遊び

行方幸夫

1 展開

(1) 学習のねらい

①回る動きを工夫して、体つくりができる。

②仲間の動きを見て、自分に取り入れようとする態度を身につける。

(2) 学習のねらいを体現する発問・指示

主体的な学びの発問・指示→どんな回り方がありますか。

対話的な学びの発問・指示→友達と動きを合わせるためには、どんな工夫をしたらよいですか。

深い学びの発問・指示→どんな連続技が考えられますか。

指示1 声を出しながら、回ります。「クル」で後ろを向きます（回る）。次の「クル」で前向きになります。※他のオノマトペも教える。

発問1 どんな回り方がありますか。

発問2 ○○さんは、どんな回り方をしていましたか？ ※数人の回り方を見せて動きを広げる。

指示2 みんなで○○さんの回り方をやってみましょう。

指示3 先生と体ジャンケンをします「最初はグー、ジャンケンぽん！」。次は、回転を入れます。「最初はグー、クルクルポン!!」で、行います。

指示4 お隣さんと3回戦。終わったら座ります。

説明1 回った後にポーズを取ります。「クルクル・ピタッ」のリズムで止まれたら合格です。

指示5 声を出しながら、回ります。 ※片足で回っている子がいたら注目させる。

指示6 友達とポーズを合わせます。ジャンケンで勝った方がポーズを考えます。

発問3 友達と動きを合わせるためには、どんな工夫をしたらよいですか。

---

❶指示 声を出しながら回ります。

↓

❷発問 どんな回り方がありますか？

評価の観点 回り方を考えている。

（×は❷へ）

↓

❸指示 みんなで、○○さんの回り方をやってみましょう。

↓

❹発問 友達と動きを合わせるためには、どんな工夫をしたらよいですか。

評価の観点 タイミングや動きを合わせる工夫をしている。

↓

❺学習カードで評価する

□成果の確認をする。

□課題の把握をする。

2 NG事例

(1) 連続で回転し続けることを楽しむ子供がいる。上手に回転するなど、回転の正確さに価値をおけるように指導する。

(2) 一定方向でなく、左右両方の回り方を練習させる。

3 場づくり

準備物／ビブス、ケンステップ、コーン、動きの表示

（1）「習得の段階」……基本的な動きや新しい動きを全体で練習する。

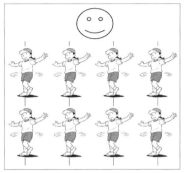 

赤白4列などの日常的な隊形での全体指示で基本的な動きを教えていく。子供同士の動きを広げる時は、子供を座らせ、例示の子供に注目させる。「ジャンケン」や「ポーズを合わせる」など、2人組での活動は隣同士で行う。

（2）「活用の段階」……自分で挑戦したい運動を選んで練習する。

コーンに動きの表示を貼ることで、視覚的に内容や場所が分かるようにできる。また、ケンステップを2つ置くことで、ペアをつくりやすくする場を設定できる。

（3）「探求の段階」……動きを工夫したり、友達と動きを合わせたりする。

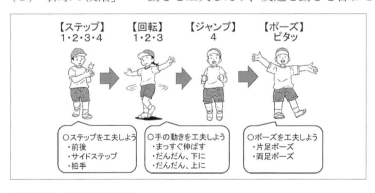

左図のような例示を拡大したものを壁に掲示しておく。低学年では、次にどんな動きをするのかを考えたり、友達と共有したりなど覚えていくことが難しい。掲示している例を見て、動きを選びながら練習していけるようにする。

4 ミニコラム

　回る動きは、ダンスでの回転やマット運動、鉄棒だけでなく、急に方向転換をする動き、例えば、バスケットボールのピボットや高跳びのひねる動作にも出てくる。回るという動きを分析すると、「一度に回る量」「回る速さ」「回った後、意識した場所で止まる」「リズムに合わせて回る」などの調整力や「回転の軸や重心」など様々な要素を意識させていくことが重要である。また、低学年の指導では、イメージを与え理解させていくことが必要である。

5　方法・手順

（1）動きを共有する。

　①オノマトペを使った回り方のイメージを知る。いろんな場所での回り方を考える。

　②ビブスの投捕。いろんな部位でのキャッチを考える（足、背中、など）。

　③くるくるポーズ。ストップをした時のポーズを考える（両足ポーズ、片足ポーズ）。

（2）友達と一緒に動く。

　①回転を入れた体（足）ジャンケン。「最初はグー、ジャンケンポン」の下線のところで回転する。

　※実態に合わせ速さで、体ジャンケンでは体の動き、足ジャンケンではリズムを教える。

　②くるくるポーズを友達と合わせる。ジャンケンで勝った方に合わせるなど指示をする。

　③「円盤、円盤飛んだ」。声を出しながら手をつないでクルクル回り、下線でジャンプする。

　　着地したら、押し相撲を行う。足が動いたら負け。2人以上で何人でもできる。

（3）連続技に挑戦する。

　①「ステップ→回転→ジャンプ→ポーズ」の基本形を練習する。

　②基本形の動きに「ステップ→左右にステップ」などを加え、応用の動きを考える。

　③グループで自分の考えた連続技を伝えたり、教えたりし、グループで揃える。

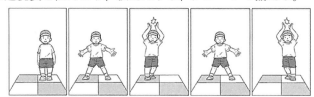

※応用の動きの例
「4拍子のステップ」に
「左右の動き」と「手拍
子」を加えた動き。

6　コツ・留意点

（1）オノマトペを使って回転数や速さを教えていく（例：「クル＝2分の1回転」「クルン＝速い
　　1回転」「クルーリ＝遅い1回転」「クルルル＝ジャンプ回転」など）。

（2）回転する時の「回転の軸」「回っている時の目線」「回り方（足をクロスして回る）」ことも
　　引き出していく。軸を意識すると目線は真横。「回転始めと終わりをパッと見る」という感
　　覚になる。

7　この技でのチャンピオンは、ここまでできる！

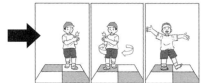

「ステップ」「ジャンプ」「回転」「ポーズ」をスムー
ズにつなげて動くことができる。また、それぞれの動
きを工夫し、応用の動きを使ってダンスのように動ける。

回るなどの動きの運動遊び

年　　　組　　　番（　　　　　　　　　　）

レベル	内容	やり方	振り返り
1 色んな回り方 技と自己評価のポイント 色んな回り方をする。 ◎→3種類の回り方／○→2種類 の回り方／△→1種類の回り方			月　　日 ・ ・ ・ できばえ ◎　○　△
2 くるくる キャッチ 色んなところでキャッチする。 ◎→3種類のキャッチ／○→2 種類のキャッチ／△→1種類の キャッチ			月　　日 ・ ・ ・ できばえ ◎　○　△
3 くるくる ポーズ くるくるポーズで、「ピタッ」と止まる。 ◎→友達とポーズ／○→片足ポー ズ／△→両足ポーズ	クルクル　　　　　ピタッ！		月　　日 ・ ・ ・ できばえ ◎　○　△
4 くるくる ジャンケン くるくるジャンケンをする。 ◎→3人に勝つ／○→2人に勝つ ／△→1人に勝つ	最初は、グー！ クルクル、ポン!!		月　　日 ・ ・ ・ できばえ ◎　○　△
5 円盤、円盤飛んだ タイミングを合わせて動く。 ◎→3回勝つ／○→2回勝つ／△ →1回勝つ	ジャンプ 「円盤、円盤飛んだ」×2→ジャンプ		月　　日 ・ ・ ・ できばえ ◎　○　△
6 連続技に挑戦!! 連続技を考える。 ◎→友達と連続技／○→スムーズ に連続技ができた／△→連続技を 考えた	1・2・3・4・クルクル→ジャンプ→ピタッ！ ①前後に ②左右に　①ゆっくり ②ながーく ③速く　①両足 ②片足		月　　日 ・ ・ ・ できばえ ◎　○　△

―――●学習カードの使い方：できばえの評価●―――

レベルの評価： ◎よくできた／○できた／△もう少し

※振り返りには、「自分で気づいた点」と「友達が見て気づいてくれた点」の両方を書きます。

（ア）体のバランスをとる運動遊び

②寝ころぶ、起きるなどの動きの運動遊び

川口達実

1 展開

（1）学習のねらい

①マットにもも→背中→ももの順に着いて、起き上がることができる。

②友達とタイミングを合わせたり、回転加速をつけたりして回ることができる。

（2）学習のねらいを体現する発問・指示

主体的な学びの発問・指示→背中が丸くなるように、目はどこを見たらよいですか。

対話的な学びの発問・指示→友達とぶつからないように回るには、どうしたらよいですか。

指示1　足を伸ばして座りズボンの横を手で持ちます。

説明1　足を伸ばしたまま後ろに倒れます。首の後ろがマットに着いたら、起き上がります。

指示2　胸の前で手を組んで倒れて起き上がります。

指示3　ゆりかごの格好で、倒れて起き上がります。

指示4　だるまさんに変身します。両足の裏をくっつけて座ります。両足のつま先を両手でつかみます。後ろに倒れて起き上がります。

指示6　横に倒れて、背中をつけて転がります。

発問1　背中が丸くなるように、目はどこを見たらよいですか。

説明2　目はへそを見ます。頭の後ろがマットに着かないように、転がります。

発問2　2人でぶつからないように転がるには、どうしたらよいですか。

説明3　声をかけ合うと、回り始めるタイミングが揃いやすくなります。すぐに回り始めないで、「イチ、ニー、サン」で、体を2回横に揺らして回る準備をすると回り始めが揃います。

発問3　4人で転がる時、どうしたらよいですか。

説明4　1人が声をかけます。転がり始めの言葉を決めます。全員起き上がれたら、バンザイをします。

2 NG事例

（1）長座で起き上がれないのに、だるま起きをさせる。

（2）顎をしめずに開いた状態で転がらせる。

（3）順次性の技術を教えないで、いきなり床に敷いた1枚のマットでだるま転がりをさせる。

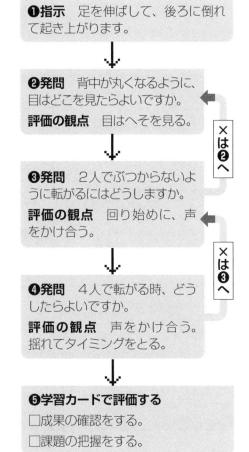

❶指示　足を伸ばして、後ろに倒れて起き上がります。

↓

❷発問　背中が丸くなるように、目はどこを見たらよいですか。

評価の観点　目はへそを見る。

×は❷へ

↓

❸発問　2人でぶつからないように転がるにはどうしますか。

評価の観点　回り始めに、声をかけ合う。

×は❸へ

↓

❹発問　4人で転がる時、どうしたらよいですか。

評価の観点　声をかけ合う。揺れてタイミングをとる。

↓

❺学習カードで評価する

□成果の確認をする。

□課題の把握をする。

3 場づくり

準備物／（1）マット1枚×16か所　（2）マット2枚×8か所　（3）マット2枚×8か所

（1）「習得の段階」……1人でだるま転がり。

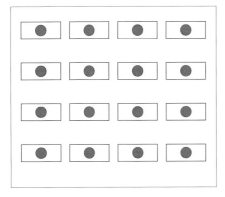

① だるま起き　　② だるま転がり

（2）「活用の段階」……2人組だるま転がり。

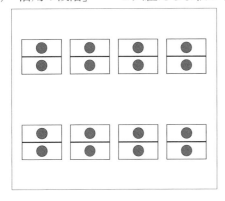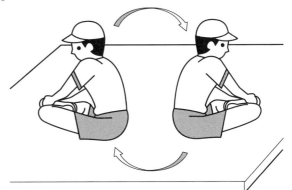

（3）「探求の段階」……4人組だるま転がり。

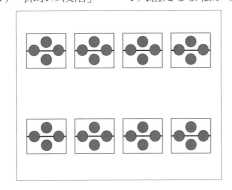

4 ミニコラム

　だるま回りは、バランス感覚を養う運動である。体を片方に傾けたまま静止して、口ジャンケンや片手ジャンケンなどをして楽しむこともできる。

　上手に回るには、「もも→背中→もも」の「順次接触の技術」が必要である。そこで、上体をやじろべえのように左右に揺らして倒れ、「右（左）もも→背中→左（右）もも」の順にマットに着くことができるようにする。

5 方法・手順

（1）長座姿勢から起きる。

　①長座でズボンのももの辺りをつかんで倒れて起きる。

　②長座で座り、胸の前で腕を組んで倒れて起きる。

　③膝を抱えたゆりかごの格好で起きる。

（2）だるま転がり前向き起き。

　①右横に倒れて右ももからマットに着く。

　②背中が着いたら、前向きに起きる。前向きに起きる動きの方が簡単にできる。

　③①②と同様にして、左横に倒れて起きる。

（3）だるま転がり。

　①背中を丸めて転がる。

　②転がる時、回転加速をつけるために、上体を左右に揺らして転がる勢いをつくる。または、友達に上体を横方向に押してもらう。

（4）2回連続だるま転がり。

　①同じ方向に連続だるま転がりをする。1回目起きたら、すぐに2回目転がり始める。

　②反対方向の転がりも、①と同様に行う。

（5）2人組だるま転がり。

　①友達と背中を向け合って、少し離れて座る。

　②同じ方向に1回転がって起きる。

　③同じ方向に2回連続で転がって起きる。

　④反対方向に2回連続で転がって起きる。

（6）4人組でだるま転がり。

　①右側へ転がって起きる動きを2回繰り返す。反対方向の転がりも同様に行う。

　②1回目起き上がったら、いったん静止する。安全性を確認し、2回目を行う。

6 コツ・留意点

（1）両足の裏を合わせて、つま先の部分をしっかり持つ。

（2）初めは上体を2～3回横に揺らして、倒れる勢い（回転加速）をつくって転がる。

（3）回転加速がない子供には、補助者が横から押すようにする。起き上がれない子供には、背中を押して起き上がれるように補助する。

7 この技でのチャンピオンは、ここまでできる！

　手は、足の外側からふくらはぎの横をもつ。足首で両足をクロスさせる。

寝ころぶ、起きるなどの動きの運動遊び「だるま転がり」

年　　組　　番（　　　　　　　　　）

レベル	内容	やり方	振り返り
1 倒れて起きる 技（わざ）と自己評価（じこひょうか）のポイント 後ろに倒れて前に起きる。 ◎→2回起きる／○→1回起きる ／△→起きられない		①足を伸ばす　②だるま起き	月　　　　日 ・ ・ ・ できばえ ◎ ○ △
2 だるま転がり① 左右に倒れて前に起きる。 ◎→両方に起きる／○→片方だけ 起きる／△→起きられない		①右に倒れる　②左に倒れる	月　　　　日 ・ ・ ・ できばえ ◎ ○ △
3 だるま転がり② 転がって起きる。 ◎→2回起きる／○→1回起きる ／△→起きられない		転がって、ももから起き上がる	月　　　　日 ・ ・ ・ できばえ ◎ ○ △
4 2回連続転がり 同じ向きに2回続けて転がって起 きる。◎→2回続けて起きる／○→1 回続けて起きる／△→起きられない		2回続けて転がる・起きる	月　　　　日 ・ ・ ・ できばえ ◎ ○ △
5 2人転がり 2人同じタイミングで転がる。 ◎→動きが揃う／○→声をかけ合 う／△→友達を見ない		2人一緒に転がる・起きる	月　　　　日 ・ ・ ・ できばえ ◎ ○ △
6 4人転がり 4人一緒に転がって起きる。 ◎→4人一緒に起きる／○→4人 一緒に転がる／△→4人がバラバラ		4人一緒に転がる・起きる	月　　　　日 ・ ・ ・ できばえ ◎ ○ △

● 学習カードの使い方：できばえの評価 ●

レベルの評価：◎よくできた／○できた／△もう少し

※振り返りには、「自分で気づいた点」と「友達が見て気づいてくれた点」の両方を書きます。

（イ）体を移動する運動遊び

① 跳ぶ、はねるなどの動きの運動遊び

佐藤大輔

1 展開

（1）学習のねらい

①体を動かす楽しさや心地よさを味わいながら、基本的な動きを身につけることができる。

②友達と共に体を動かすことを通して、友達との関わりを楽しむことができる。

（2）学習のねらいを体現する発問・指示

主体的な学びの発問・指示→先生と同じ動きができるかな。

対話的な学びの発問・指示→1人が先生役になって指示を出します。

深い学びの発問・指示→どうやったら、上手にできるかグループで作戦を立てなさい。

指示1　先生と同じ動きができるかな。

「みんなと一緒」（C：みんなと一緒）

「ま〜え〔ピョンと一歩前に跳ぶ〕」（C：ま〜え）

「うしろ〔ピョンと一歩後ろに跳ぶ〕」（C：うしろ）

「み〜ぎ〔ピョンと右に跳ぶ〕」（C：み〜ぎ）

指示2　逆をします。「みんなと一緒」（C：みんなと一緒）

「やることぎゃ〜く」（C：やることぎゃ〜く）

「ま〜え」（C：うしろ）「うしろ」（C：ま〜え）

「み〜ぎ」（C：ひだり）「ひだり」（C：み〜ぎ）

指示3　さらに、レベルアップ。

「言うこと一緒」（C：言うこと一緒）

「やることぎゃ〜く」（C：やることぎゃ〜く）

「ま〜え」（C：ま〜え〔ピョンと一歩後ろに跳ぶ〕）

「うしろ」（C：うしろ〔ピョンと一歩前に跳ぶ〕）

指示4　2人1組で行います。1人が先生役で指示を出します。終わったら、交代します。

指示5　次は、5人1組をつくって、やってみます。

発問1　どうやったら、上手にできますか。グループで作戦を立てます。時間は2分間です。

指示6　作戦を生かして、上手にやってみましょう。

指示7　全員で1つの大きな輪をつくって挑戦します。

指示8　学習カードに、でき具合を記録します。

❶指示　先生と同じ動きができるかな。

評価の観点　前後左右の指示通りに、体を動かすことができている。

×は❶へ

❷発問　どうやったら、上手にできるかグループで作戦を立てます。

評価の観点　グループで話し合って、作戦を立てたり、相談することができている。

×は❷へ

❸指示　先生役をグループの中から1人選んで活動を続けましょう。

評価の観点　友達との関わりを楽しむことができている。

❹学習カードで評価する

□成果の確認をする。

□課題の把握をする。

2 NG事例

（1）簡単な動きを覚える前に、レベルの高い「逆の動き」に挑戦させてしまう。

3 場づくり

（1）「習得の段階」……個別に取り組ませる。

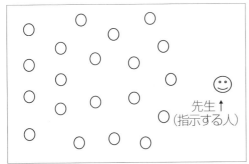

▲先生は声だけの指示でもOK

（2）「活用の段階」……2人1組で取り組ませる。

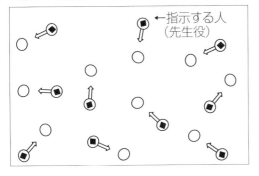

▲先生（役）は声だけの指示でもOK

（3）「探求の段階」……5人1組で取り組ませる。

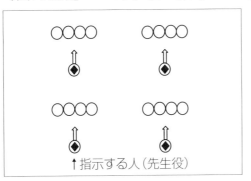

▲先生（役）は声だけの指示でもOK

4 ミニコラム

　「みんなといっしょ」は、相手の真似をしてぴょんと跳ぶという単純な活動だ。ところが、条件を変えるととても楽しくなる。簡単そうだが、引っかかってしまうのだ。グループで行うと、自然と交流が深まる。とても楽しめる、跳ぶ・はねるの運動遊びである。

5 方法・手順

（1）「習得の段階」……1人で行う。

　①子供は、先生の真似をする。

　②子供は、先生と逆のことをする。

　③子供は、「先生と同じことを言う」が、「逆の
　　動き」をする。

　※参照：シナリオ例【A】【B】

（2）「活用の段階」……2人で行う。

　①2人1組をつくる。

　②1人が先生役として指示を出す。上記（1）の
　　①〜③のパターンを順に行う。

（3）「探求の段階」……複数で行う。

　①5人のうち1人を先生役にする。

　②先生役は、次々と指示を出す。

　※先生役は、順番に交代していく。

　③どうやったら上手にできるかを話し合い、活
　　動に活かす。慣れてきたら手をつないで行う。

シナリオ例【A】
T：みんなと一緒　C：みんなと一緒
T：ま〜え　C：ま〜え〔前にぴょん〕
T：うしろ　C：うしろ〔後にぴょん〕
T：み〜ぎ　C：み〜ぎ〔右にぴょん〕
T：ひだり　C：ひだり〔左にぴょん〕
T：……（以下、自由に指示）

シナリオ例【B】
T：みんなと一緒　C：みんなと一緒
T：やること逆　C：やること逆
T：ま〜え　C：うしろ〔後にぴょん〕
T：うしろ　C：ま〜え〔前にぴょん〕
T：み〜ぎ　C：ひだり〔左にぴょん〕
T：ひだり　C：み〜ぎ〔右にぴょん〕
T：……（以下、自由に指示）

---

6 コツ・留意点

（1）まずは、「前」や「後ろ」などの簡単な動きか
　　ら始める。慣れてきたところで、「右」や「左」
　　の動きを指示する。

　　※前後左右のうち、「前」や「後ろ」の指示
　　　が真似しやすい。一方、「右」や「左」の
　　　指示は、指示役と真似役が向かい合わせになるため少し難しくなる。

（2）「言うこととやることが逆」は、上手くできないことが不思議と面白いので、「すごく難し
　　いから気にしないで」と励ましたり、「難しいのによくできるね。すごい」などと褒めたり
　　するなど、教師が努めて盛り上げるようにする。

7 この技でのチャンピオンは、ここまでできる！

　2人組から5人組。最後は、クラス全員で1つの大きな輪をつくり、5回連続成功する。

跳ぶ、はねるなどの動きの運動遊び

年　　組　　番（　　　　　　　　）

レベル	内容	やり方	振り返り
1 みんなと一緒（1人） **技と自己評価のポイント** ◎→10回連続で成功した ○→5回連続で成功した △→合計3回、成功した		ま〜え　ま〜え 指示をよく聞いて、真似をする	月　　日 ・ ・ ・ できばえ ◎　○　△
2 やること　逆（1人） ◎→7回連続で成功した ○→3回連続で成功した △→合計2回、成功した		うしろ　ま〜え 指示をよく聞いて、逆の動きをする	月　　日 ・ ・ ・ できばえ ◎　○　△
3 言うこと一緒 やること　逆 ◎→5回連続で成功した ○→3回連続で成功した △→1回、成功した		ま〜え　ま〜え 言葉は真似をして、動きを逆にする	月　　日 ・ ・ ・ できばえ ◎　○　△
4 みんなと一緒 （2人組） ◎→レベル3までの指示を全て出すことができた／○→レベル2までの指示を出すことができた／△→レベル1の指示を出すことができた		レベル1の やることいっしょ やるよ　ま〜え　ま〜え　うしろ　レベル2を やるよ　ま〜え　ま〜え 指示を出したり、指示通り動いたりする	月　　日 ・ ・ ・ できばえ ◎　○　△
5 みんなと一緒 （5人組） ◎→5回連続で成功した ○→3回連続で成功した △→1回、成功した		ま〜え　ま〜え　うしろ　ま〜え みんな いっしょ　やることぎゃ〜く 5人の活動を楽しむ	月　　日 ・ ・ ・ できばえ ◎　○　△

●　学習カードの使い方：できばえの評価　●

レベル1〜5の評価： ◎よくできた／○できた／△もう少し
※振り返りには、「自分で気づいた点」と「友達が見て気づいてくれた点」の両方を書きます。

（ウ）用具を操作する運動遊び

① 用具をつかむ、持つ、下ろす、回す、転がすなどの動きの運動遊び

山口順也

1 展開

（1）学習のねらい

①フラフープを使った運動遊びを行い、基本的な動きができる。

②仲間と楽しく活動する態度が身につく。

（2）学習のねらいを体現する発問・指示

　主体的な学びの発問・指示→フラフープ遊びには、どんな動きがありますか。

　対話的な学びの発問・指示→2人1組でフラフープ遊びをします。よい動きをしている友達は誰ですか。

　深い学びの発問・指示→フラフープ遊びでは、ほかにどんな動きがありますか。

指示1	太鼓に合わせて、前向き走、後ろ向き走、スキップをします。
説明1	これからフラフープを腰を使って回します。30秒間やってみましょう。
説明2	フラフープを腰にピタッと付けるとよく回ります。30秒間やってみましょう。
発問1	フラフープ遊びには、どんな動きがありますか。
指示2	フラフープを縄跳びのようにして跳んでみましょう。30秒間やってみましょう。
説明3	縄跳びのように踵を着けずにつま先で跳ぶようにしましょう。30秒間やってみましょう。
発問2	2人1組でフラフープ遊びをします。よい動きをしている友達は誰ですか。
説明4	フラフープを転がしたり、くぐったりしてみるといいですね。
指示3	最初は2mの距離で転がします。2往復成功したら、1mずつ距離を伸ばしていきましょう。最大8mまで行います。
発問3	フラフープ遊びでは、ほかにどんな動きがありますか。
説明5	フラフープを転がして、ジャンプするのもいいですね。
説明6	4人グループになってフラフープを通すのもいいですね。
指示4	4人グループで紹介されたフラフープ遊びをやってみましょう。30秒間で何周できるかやってみましょう。
指示5	フラフープの後片付けをします。ペアで協力して行います。

❶発問　フラフープ遊びにはどんな動きがありますか。

評価の観点　フラフープを使って遊びを考えようとしている。

↓

❷発問　2人1組でフラフープ遊びをします。よい動きをしている友達は誰ですか。

評価の観点　ペアでフラフープを使って遊びを考えようとしている。

↓

❸発問　フラフープ遊びでは、ほかにどんな動きがありますか。

評価の観点　まだ紹介されていないフラフープを使って遊びを考えようとしている。

↓

❹学習カードで評価する

□成果の確認をする。

□課題の把握をする。

×は❷または❶へ

2 NG事例

（１）狭い場所で行うとフラフープ同士がぶつかる。狭い場所では行わない。

（２）２人組でのフラフープの転がし合いで、転がし合う場所を決めない。怪我につながる。体育館の線を利用し、２人が対面する形で転がし合う場所を決める。

3 場づくり

準備物／フラフープ（１人１個）　※○はフラフープを表す。●は児童を表す。

（１）「習得の段階」……１人で基本的な動きを習得する場。

フラフープを腰で回したり、縄跳びのように跳んだりする。

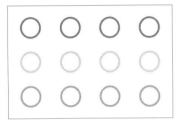

【腰で回す】

【縄跳びのように跳ぶ】

（２）「活用の段階」……２人で応用した動きを行う場。

ペアでフラフープを転がし合ったり、くぐったり、ジャンプしたりする。

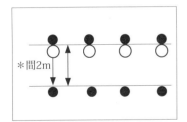
＊間2m

【フラフープ転がし・くぐり・ジャンプ】

（３）「探求の段階」……集団で発展した動きを行う場。

４人グループで手をつなぎ、フラフープを１周させる。

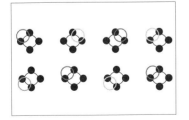
【フラフープ通し】

4 ミニコラム

フラフープを使っての動きづくりは、いろいろな動きつくりをすることができる。例えば、腰・手・足を使って回す動き、縄跳びのように跳ぶ動き、２人組での投捕の動き、また多人数では、協力してフラフープをくぐる動き等のコミュニケーションまで図ることができる。特に、フラフープを腰を使って回す動きでは、体幹まで鍛えることができる。またフラフープは、ソーシャルディスタンスも自然にとることができるのでコロナ渦にお勧めの体育科の教具である。

1 体つくりの運動遊び／体つくり運動

2 走・跳の運動遊び／陸上運動

5 方法・手順

（1）「習得の段階」……１人で基本的な動きを習得する場（全て30秒間行う）。

　①フラフープを腰を使って回す。

　②フラフープを腰にピタッと付けるように回す。

　③フラフープを縄跳びのようにして跳ぶ。

　④フラフープを縄跳びのように跳ぶ際に、踵を着けずにつま先で
　　着地する。

（2）「活用の段階」……２人で応用した動きを行う場。

　①２人１組でフラフープを順回転で転がし合う。最初は２ｍの距
　　離で行う。２往復できたら１ｍずつ距離を伸ばす。

　②２人１組で転がったフラフープの中をくぐる。１人がフラフー
　　プを前方に順回転で転がし、もう１人が転がったフラフープの
　　中をくぐる。２回交代で行う。

　③２人１組で転がってきたフラフープをジャンプする。１人がフ
　　ラフープを前方に順回転で転がし、もう１人が転がってきたフ
　　ラフープをジャンプする。２回交代で行う。

（3）「探求の段階」……集団で発展した動きを行う場。

　①４人グループで手をつなぎ輪になり、フラフープを１周させる。

　②４人グループで手をつなぎ輪になり、30秒間でフラフープを何周できるか競い合う。

　③学習カードに記録を書き、自分やチームの反省を書く。

　④フラフープや用具の後片付けをする。

6 コツ・留意点

（1）フラフープを腰に密着させ、左右に振ると回しやすいことに
　　気づかせる。腰で回すことができたら、フラフープを転がしてみる。

（2）２人組のフラフープの転がし合いでは、何回か転がし合いを行う。その中でフラフープ
　　を放した後に、指先を相手に向けると方向が安定することに気づかせる。

7 この技でのチャンピオンは、ここまでできる！

①フラフープ
回し　　②フラフープ
転がし　　③フラフープ
くぐり　　④フラフープ
ジャンプ　　⑤フラフープ
通し

用具をつかむ、持つ、下ろす、回す、転がすなどの動きの運動遊び「フラフープ」

年　　組　　番（　　　　　　　　　）

レベル	内容	やり方	振り返り
1 フラフープ回し **技と自己評価のポイント** 腰を使って回すことができる。 ◎→5回以上でできる ○→3回できる △→1回できる		 腰にピタッとくっつけよう	月　　　日 ・ ・ ・ できばえ ◎ ○ △
2 フラフープ転がし （順回転） まっすぐ転がすことができる。 ◎→5m以上転がす／○→3m転がす／△→1m転がす		指先までまっすぐ伸ばそう	月　　　日 ・ ・ ・ できばえ ◎ ○ △
3 フラフープ転がし （逆回転） 逆回転ができる。◎→5m以上逆回転できる／○→3m逆回転できる／△→1m逆回転できる		手首のスナップを使おう	月　　　日 ・ ・ ・ できばえ ◎ ○ △
4 フラフープくぐり 転がったフラフープをくぐることができる。◎→フラフープをくぐってまた入る／○→フラフープをくぐる／△→つま先だけ入れる		ダンゴムシのようになろう	月　　　日 ・ ・ ・ できばえ ◎ ○ △
5 フラフープジャンプ 転がったフラフープをジャンプできる。◎→自分で逆回転したフラフープを3回連続してジャンプできる／○→2回連続できる／△→1回できる		またを大きく広げよう	月　　　日 ・ ・ ・ できばえ ◎ ○ △
6 フラフープ通し 手をつないでフラフープの中を通す。◎→30秒間で2周できる／○→30秒間で1周できる／△→30秒間で1周できる		できるだけ小さな円になろう	月　　　日 ・ ・ ・ できばえ ◎ ○ △

● 学習カードの使い方：できばえの評価 ●

レベル1〜3の評価： ◎よくできた→まっすぐブレずに転がっている／○できた→
転がっている／△もう少し→曲がっている
※振り返りには、「自分で気づいた点」と「友達が見て気づいてくれた点」の両方を書きます。

（ウ）用具を操作する運動遊び

②用具を投げる、捕るなどの動きの運動遊び

三島麻美

1 展開

（1）学習のねらい

①様々な用具を投げたり捕ったりする運動を楽しみ、身体を動かす心地よさを感じる。

②様々な用具を投げる経験を積み、投の運動の基礎となる動きを身につける。

（2）学習のねらいを体現する発問・指示

主体的な学びの発問・指示→ボールを遠くに投げるコツは何ですか。

対話的な学びの発問・指示→肘が顎より上に上がっているかを見合いましょう。

深い学びの発問・指示→相手のコートにボールを入れるコツは何ですか。

指示1 太鼓に合わせて前走り、後ろ走り、ギャロップをします。ギャロップの時は、腕を前や後ろに回したり、頭の上で手を叩いたりしながら走ります。

指示2 的当てゲームをします。気を付け投げ、膝立ち投げ、自由投げでやってみます。

発問1 ボールを遠くに投げるコツは何ですか。

指示3 投げる時は、肘を顔の高さまで上げるようにします。手と逆の足を踏み出して投げます。

指示4 2人組でキャッチボールをします。

指示5 キャッチボールが10回続いたら、2人の間をコーン1つ分広くしていきます。色々なボールでチャレンジしましょう。

指示6 投げる時に肘が顎より上に上がっているかを見合いましょう。

指示7 「鬼は外ゲーム」をします。3分間で、相手コートのゴールラインより遠くにたくさん玉を投げましょう。玉は、拾ったところから投げます。自分のコートのゴールラインより遠くに落ちた玉を拾ってはいけません。相手が投げた玉を落ちる前に触ってはいけません。

発問2 相手のゴールにボールを入れるコツは何ですか。

指示8 ゴールのコツは、腕を大きく振りかぶって、力いっぱい投げることです。

指示9 学習カードに、どれくらいできるようになったかを記録します。

❶**基本の運動**　腕を上げ下ろしする運動やボールを投げる運動を行う。

↓

❷**発問**　ボールを遠くに投げるコツは何か。

評価の観点　投げる時に肘が上がっているか。足を踏み出しているか。

↓

❸**指示**　投げる時に肘が顎より上に上がっているか見合う。

評価の観点　お互いに投げ方を見合い、アドバイスをしているか。

↓

×は❸または❷へ

❹**発問**　相手のゴールに玉を入れるコツは何か。

評価の観点　大きく振りかぶり力強く投げているか。

↓

❺**学習カードで評価する**

□成果の確認をする。

□課題の把握をする。

2 NG事例

（1）1つのステップを習熟しないままで次のステップに進まない。

（2）転がった時に危険なため、ゲームでドッジボールなどの大きなボールは使わせない。

（3）相手の体に玉を当てないよう、ネットなしでのゲームはしない。

3 場づくり

　準備物／カラーコーン12個、マーカーコーン18個、的当ての的用イラスト8枚、新聞紙ボール人数分、スズランテープボール人数分（いずれも野球ボール大）、玉入れ用玉60〜120個、ソフトバレーボールのポールとネット

（1）「習得の段階」……『的当てゲーム』1人で基本的な動きを習得する。

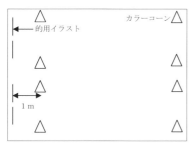

（2）「活用の段階」……『キャッチボール』2人で応用した動きを行う。

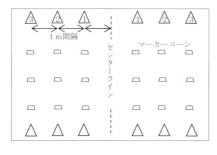

（3）「探求の段階」……『鬼は外ゲーム』集団で発展した動きを行う。

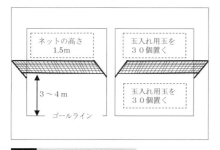

4 ミニコラム

　ボールを遠くに投げるには、①ボールを持つ手とは逆の足を前に出しながら横向きに体を広げる。②肘を上げて後方に体重移動する。③前の足を踏み出しながら腕を振ってボールを投げる。という一連の動きが必要である。低学年で完全に身につけることは難しいが、様々な投の運動遊びを楽しんだり友達のよい動きを真似したりしながら、投げる動きに慣れさせたい。

5 方法・手順

（１）「習得の段階」……１人で、的当てゲームを行う。

　①気を付け投げ：ボールを持たない方の手は下ろした状態で、腕を曲げずに投げる。

　②膝立ち投げ：膝立ちをした状態で、腕を自由に使って投げる。

　③自由投げ：投げやすいフォームで投げる。

（２）「活用の段階」……２人で、キャッチボールをする。

　④３種類のボールから１つ選び、１のコーンの距離でキャッチボールをする。

　⑤④で、ボールを落とさずに10回キャッチボールができたら、２のコーンの距離にする。

　⑥⑤で、ボールを落とさずに10回キャッチボールができたら、３のコーンの距離にする。

　⑦投げる時に肘が顎より上に上がっているかを、お互いに見合う。

（３）「探求の段階」……『鬼は外ゲーム』集団で発展した動きを行う。

　⑧３～４人のチームになり、相手のコートのゴールラインより遠くに玉を投げる。

　⑨制限時間（２～３分）内に、できるだけたくさんの玉を遠くに投げる。

▲気を付け投げ　▲膝立ち投げ　　　▲自由投げ　　　　　▲キャッチボール

6 コツ・留意点

（１）気を付け投げと膝立ち投げから、肘の曲げ方や足の動かし方に気づかせる。

（２）レベルを分かりやすくするために、キャッチボールの間隔を示すコーンに番号を貼る。

（３）玉入れの玉を素早く確実に数えるために、かごに入れて数えさせる。

▲番号を貼ったコーン　　　　▲ゴールラインを越えた玉だけをかごに入れる

7 この技でのチャンピオンは、ここまでできる！

　投げる方向に対して体が横向きの姿勢から、上半身をひねって体重移動しながら投げる。

用具を投げる、捕るなどの動きの運動遊び

年　　組　　番（　　　　　　　　　　　　）

レベル	内容	やり方	振り返り
1	**的当てゲーム①** **技と自己評価のポイント** 的の真ん中にボールを当てる。 ◎→5回より多く当たった ○→3回当たった △→1回当たった	肘を顔の高さまで上げる　　手と逆の足を出す	月　　　日 ・ ・ ・ できばえ ◎ ○ △
2	**的当てゲーム②** 3種類のボールを当てる。 ◎→3種類全部当たった／○→2 種類当たった／△→1種類当たった	新聞紙ボール　スズランテープボール　玉入れの玉	月　　　日 ・ ・ ・ できばえ ◎ ○ △
3	**キャッチボール①** 落とさずに5回できる。 ◎→3のコーンでできた／○→2のコー ンでできた／△→1のコーンでできた	1のコーンでできたら2に動く　　2のコーンでできたら3に動く	月　　　日 ・ ・ ・ できばえ ◎ ○ △
4	**キャッチボール②** 落とさずに10回できる。 ◎→3のコーンでできた／○→2のコー ンでできた／△→1のコーンでできた	1のコーンでできたら2に動く　　2のコーンでできたら3に動く	月　　　日 ・ ・ ・ できばえ ◎ ○ △
5	**鬼は外ゲーム①** ゴールラインより遠くにボールを投 げる（3分）。◎→10個より多くでき た／○→5個できた／△→1個できた	大きく振りかぶって　　思いきり投げる	月　　　日 ・ ・ ・ できばえ ◎ ○ △
6	**鬼は外ゲーム②** 相手のゴールラインより遠くにボール を投げる（2分）。◎→10個より多くで きた／○→5個できた／△→1個できた	大きく振りかぶって　　思いきり投げる	月　　　日 ・ ・ ・ できばえ ◎ ○ △

●学習カードの使い方：できばえの評価●

レベル4～6の評価： ◎よくできた→2つできる／○できた→1つできる／△もう少し→2つともできない

※振り返りには、「自分で気づいた点」と「友達が見て気づいてくれた点」の両方を書きます。

（エ）力試しの運動遊び

① 人を運ぶ、支えるなどの動きの運動遊び

井上 武

1　展開

（1）学習のねらい

　①力試しの運動遊びを工夫して、基本的な動きを身につけることができる。

　②力試しの運動遊びに進んで取り組み、決まりを守ったり仲良く運動したりする。

（2）学習のねらいを体現する発問・指示

　主体的な学びの発問・指示→友達を落とさないで運ぶには、どうしたらよいですか。

　対話的な学びの発問・指示→上手に運んでいる友達は、どこがよいかな。

　深い学びの発問・指示→友達をスムーズに運ぶには、どうしたらよいですか。

指示1	いろいろな動物になって動きなさい。 （例：うさぎ、くま、あざらし、など）
説明1	友達を①〜③のように運びます。 ①おんぶをします。②手押し車をします。③1人がタオルに乗って、もう1人が引っ張ります。
発問1	友達を落とさないで運ぶには、どうしたらいいですか。
説明2	①おんぶ……友達をしっかり持つ。 ②手押し車……友達を押さない。 ③タオル引き……急に引っ張らない。
発問2	上手に運んでいる友達は、どこがよいかな。
説明3	①おんぶ……腰の上に乗せる。 ②手押し車……膝の辺りをしっかり持つ。 ③タオル引き……腰をおとして足に力を入れる。
発問3	友達をスムーズに運ぶには、どうしたらよいですか。
説明4	①おんぶ……体をしっかりくっつける。 ②手押し車……体をひねらずに手を前に出す。 ③タオル引き……体重を少し後ろに掛けるようにする。

❶**指示**　いろいろな動物になって動きなさい。

↓

❷**発問**　友達を落とさないで運ぶには、どうしたらよいか。

評価の観点　安全に楽しくする方法が分かる。

↓

❸**発問**　上手に運んでいる友達は、どこがよいか。

評価の観点　友達を運ぶ時のポイントが分かる。

↓

❹**発問**　友達をスムーズに運ぶには、どうしたらよいか。

評価の観点　運ばれる人が気を付けることが分かる。

×は❸または❷へ

↓

❺**学習カードで評価する**

□成果の確認をする。

□課題の把握をする。

2　NG事例

（1）体格が違いすぎると怪我をする恐れがあるので、同じくらいの体格でペアをつくる。

（2）タオルに乗せて引く時は、後ろに転倒する恐れがあるので、急に引かない。

（3）運びっこリレーをする前に、おんぶや手押し車、タオル引きなど十分練習しておく。

3 場づくり

　準備物／バスタオル（ペアに１枚）、コーン８本、マーカーコーン10本、ホワイトボード４枚
（１）「習得の段階」……２人組で、おんぶ、手押し車、タオル引きなどの練習をする。

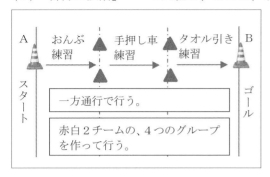

（２）「活用の段階」……うまく運ぶポイントを考えながら練習する。

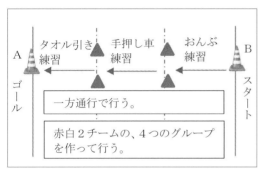

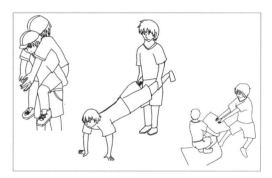

（３）「探求の段階」……運ばれる時に気を付けることを考えて、運びっこリレーをする。

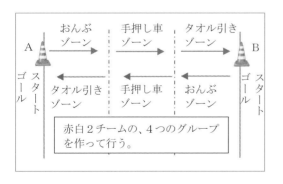

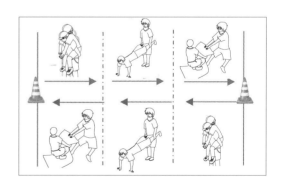

4 ミニコラム

　これまでの子供たちは、おんぶや引っ張り合いなどの遊びを日常生活の中で自然と行っていたが、現代ではそのような遊びがあまりなされていない。実際、子供たちのおんぶを見ていると、するのもされるのも非常にぎこちないように感じる。

　体育の授業で、人を押す、引く、運ぶ、支えるなどの運動遊びを行い、力を出し切ったり、力を入れたり緩めたりする動きを身につけるようにする。また、友達と一緒に体を動かす楽しさやつながりを体感することができると考えられる。

5 方法・手順

（1）うさぎ、くま、あざらしなど、いろいろな動物になって動く（準備運動）。

（2）友達を運ぶ。

　①2人組で交代しながら、おんぶをする。

　②2人組で交代しながら、手押し車をする。

　③2人組で交代しながら、タオル引きをする。

▲あざらし

（3）上手に運んでいる友達を見て、運ぶポイントを見つける。

　①友達を自分の腰に乗せ、太ももの辺りをしっかりと持ちながらおんぶをする。

　②友達の膝の辺りをしっかりと持ち、自分の腰の辺りにくっつけて手押し車をする。

　③腰を低くして重心を落とし、足に力を入れて、タオル引きをする。

▲おんぶ

（4）スムーズな運び方を考えて、友達を運ぶ。

　①友達に体をしっかりくっつけ、石のように動かないようにしておんぶされる。

　②体をひねらず、手を後ろから前に出して手押し車の運動を行う。

　③体重をやや後ろに掛けて、タオルをしっかりと持ち、運ばれるようにする。

▲手押し車

（5）運びっこリレーをする。3つのゾーンに分け、リレーをする。

（6）学習カードに記録を書き、自分やチームの反省をする。

▲タオル引き

6 コツ・留意点

（1）運ぶポイントや運ばれるポイントを意識させる。

（2）おんぶ、手押し車、タオル引きの練習場所は、運びっこリレーの場所と同様にすると共に、ゾーンの名前を掲示する。

（3）自分たちで見つけたコツを、いつでも見られるようにミニホワイトボードを書かせる。

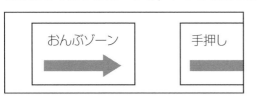

7 この技でのチャンピオンは、ここまでできる！

《おんぶ》おんぶをして走ることができる。

《手押し車》前後、左右、いろいろな方向に移動できる。

《タオル引き》いろいろな方向に引くことができる。

人を運ぶ、支えるなどの動きの運動遊び「はこびっこ名人」

年　　　組　　　番（　　　　　　　　　　　）

レベル	内容	やり方	振り返り
1 動物歩き **技**と**自己評価**のポイント いろいろな動物になって歩く。 ◎→3種目できる／○→2種目できる／△→1種目できる		うさぎ、くま、あざらしなど	月　　　日 ・ ・ ・ できばえ ◎ ○ △
2 おんぶ歩き 友達をおんぶして歩く。 ◎→5m歩ける／○→3m歩ける／△→1m歩ける		腰に乗せる 太ももをしっかり持つ	月　　　日 ・ ・ ・ できばえ ◎ ○ △
3 手押し車 手押し車で歩く。 ◎→膝を持つ／○→足首を持つ／△→歩けない		膝をしっかり持つ	月　　　日 ・ ・ ・ できばえ ◎ ○ △
4 タオル引き 友達をタオルに乗せて引っぱる。 ◎→5m引ける／○→3m引ける／△→1m引ける		腰を低くして引く	月　　　日 ・ ・ ・ できばえ ◎ ○ △
5 運びっこリレー チームで、リレーをする。 ◎→協力してできる／○→ルールが守れる／△→応援ができる	おんぶゾーン　手押し車ゾーン　タオル引きゾーン A　　　　　　　　　　　　　　　B ゴール スタート　タオル引きゾーン　手押し車ゾーン　おんぶゾーン　ゴール スタート 赤白2チームの、4つのグループを作って行う。	月　　　日 ・ ・ ・ できばえ ◎ ○ △
6 いいところ見つけ 友達のいいところを見つける。 ◎→3つ見つける／○→2つ見つける／△→1つ見つける			月　　　日 ・ ・ ・ できばえ ◎ ○ △

●――――→ 学習カードの使い方：できばえの評価 ←――――●

レベル4〜6の評価：◎よくできた→膝がずっと伸びている／○できた→膝がちょっとだけ曲がっている／△もう少し→膝がずっと曲がっている

※振り返りには、「自分で気づいた点」と「友達が見て気づいてくれた点」の両方を書きます。

体ほぐしの運動
①歩いたり走ったりする運動

野田晴高

1 展開

（1）学習のねらい

　①風船を使った動きを工夫して、体つくりができる。

　②仲間と協力して、楽しく、テンポ良く活動できる態度を身につける。

（2）学習のねらいを体現する発問・指示

　主体的な学びの発問・指示→風船を飛ばし、たくさんキャッチするには、どうしたらいいか。

　対話的な学びの発問・指示→相手と片手で同時にキャッチするには、どうしたらいいか。

　深い学びの発問・指示→相手よりたくさんキャッチするには、どうしたらいいか。

指示1	教師の「色」の指示で、体育館内の色付きのものを触って教師の前に集まる。「赤」「青」。
指示2	風船を膨らませ、ピューッと飛ばし、どれだけたくさんキャッチできるか数えます。①風船を吹いて空気を入れます。②手を離します。③落ちる前に取ります。
発問1	たくさん取るにはどうすればいいですか。
発言1	①角度を付ける。②大きくする。③その他。
指示3	3分間練習。何回取ったか後で聞きます。
発問2	膨らんだ風船を投げ上げ、相手と息を合わせて片手キャッチするにはどうすればいいですか。
発言2	①相手と手の高さを合わせる。②相手とタイミングを合わせる。③その他。
発問3	今度は1人で行います。膨らんだ風船を片手で打ち上げます。両手で相手よりたくさん取るにはどうすればいいですか。
発言3	①軽く打つ。②低く上げる。③小さい風船。
指示4	1分練習。何回取ったか後で聞きます。
発問4	膨らんだ風船を打ち上げ、相手よりたくさんキャッチするにはどうすればいいですか。①軽く打ち上げる。②ジャンプ。③その他。

❶指示 両手間隔で並びます。前方方向に進みます！

↓

❷発問 風船を飛ばし、たくさんキャッチするには。

評価の観点 飛ばし方の工夫が分かる。角度？ 大きさ？

×は❷へ

↓

❸発問 風船を相手と息を合わせて片手キャッチするには。

評価の観点 相手に合わせる。手の高さ？ タイミング？

×は❸へ

↓

❹発問 相手よりたくさんキャッチするには。

評価の観点 回数を増やす工夫が分かる。打ち方？ 高さ？

↓

❺学習カードで評価する

□成果の確認をする。

□課題の把握をする。

2 NG事例

（1）狭い場所で行うとぶつかったり、転倒したりしやすい。間隔を確認しながら行う。

（2）指示2、発問2では、ぶつかる可能性がある。例示（モデリング）を参考にさせる。

3　**場づくり**

準備物／人数分の風船＋α、膨らませた人数分の風船＋α

（1）「習得の段階」……1人で基本的な動きを習得する。ピューッと風船キャッチ（両側で行う）。

（2）「活用の段階」……2人組（ペア）で応用した動きを行う。息を合わせ、風船を同時に片手キャッチ（真ん中で行う）。

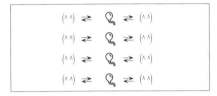 

（3）「探求の段階」……発展した動きを行う。4人組。打ち合ってラリー。

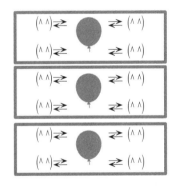 

4　**ミニコラム**

　風船は軽く、ゆっくり上下し、運動が苦手な児童でも取っつきやすい。また、フワフワ感が楽しさを誘い、自由度が高い。屋内だけでなく、屋外でも利用は可能。最初は風船を膨らませる必要があるため、学級レクで風船を膨らませる経験を積ませたり、事前に教師が見本をつくっておくなどの配慮が必要である。膨らませた風船の動きは、風の流れやその時の気温、風船の大きさなどによって微妙に変化する。それがまた楽しい。小さい頃から馴染みのあるグッズを使うことで、さらに身近で活気ある指導が展開できる。バリエーションは無限である。

※参考文献：太田健二『風船を使った体ほぐしのネタ100』（TOSSランド）

5 方法・手順

（1）風船を膨らませ、風船の口を縛らずに手を離してピューッと飛ばし、どれだけたくさんキャッチできるかを数える。

　①風船を吹いて空気を入れる。

　②風船を顔の横にセットして、手を離す。

　③落ちる前に取る。

（2）たくさん取るにはどうしたらいいですか。

　①角度を付ける。

　②風船を大きくする（横幅15cm程度）。③その他。

（3）3分練習します。何回取ったか後で聞く。

（4）膨らんだ風船を相手と息を合わせ、片手キャッチするにはどうすればいいですか。

　①相手と手の高さを合わせる。②相手と目を合わせて動く。③その他。

（5）今度は1人で行います。膨らんだ風船を片手で打ち上げます。両手で相手よりたくさんキャッチするにはどうすればいいですか。

　①軽く打つ。

　②低く上げる。

　③小さい風船。

（6）1分練習します。何回取ったか後で聞きます。

（7）膨らんだ風船を打ち上げ、相手よりたくさんキャッチするにはどうすればいいですか。

6 コツ・留意点

（1）自分1人で取るときや回数をかせぐ時は、風船は小さめ。動きも小さめが効率的なことに気づかせる。練習でたくさんの風船に触れさせ、何度も挑戦する姿を褒める。例示（モデリング）を参考にさせ、挑戦する姿に「3点」「5点」などと個別評定を入れていく。「8点」以上（合格点）を取らせるように仕組む。

（2）相手と息を合わせて取る場面では、手の高さとタイミングがポイントであることに気づかせる。たくさん挑戦させる場と時間設定が必要。身長や体格、相手との相性などを加味しながら、楽しく進めることが大切。

7 この技でのチャンピオンは、ここまでできる！

　風船ラリー（打ち合い）を、10回以上連続で行う。

歩いたり走ったりする運動

年　　組　　番（　　　　　　　　　　　　）

レベル	内容	やり方	振り返り
1 1人で取る **技と自己評価のポイント** 飛ばした風船をたくさんキャッチ。 ◎→1分間できる ○→30秒できる △→継続が10秒以下		風船を床に落とさないのがコツ	月　　　日 ・ ・ ・ できばえ ◎ ○ △
2 1人で取る 膨らんだ風船を投げ上げて、1人で多くキャッチ（20秒間）。 ◎→7回以上できる ○→5回以上できる △→1回できる		風船の動きを予想しよう！	月　　　日 ・ ・ ・ できばえ ◎ ○ △
3 相手と一緒に取る 相手と息を合わせ、膨らんだ風船を片手で同時キャッチ（20秒間）。 ◎→1回も落とさず継続できる ○→1〜2回落とした △→3回以上落とした		「パンパン・パンパン」のリズム	月　　　日 ・ ・ ・ できばえ ◎ ○ △
4 競争する 2人ペアで膨らんだ風船を相手より多くキャッチ（20秒間）。 ◎→5回戦で3勝以上 ○→5回戦で2勝 △→5回戦で1勝以下		心の中で「速く・速く」と唱える！	月　　　日 ・ ・ ・ できばえ ◎ ○ △
5 風船ラリー 4人組で膨らんだ風船を打ち合ってラリー（20秒間）。 ◎→20回以上連続 ○→10〜15回連続 △→10回以下		互いに「ハイ・ハイ」と言って打つ！	月　　　日 ・ ・ ・ できばえ ◎ ○ △

● 学習カードの使い方：できばえの評価 ●

レベルの評価：◎よくできた／○できた／△もう少し
※振り返りには、「自分で気づいた点」と「友達が見て気づいてくれた点」の両方を書きます。

45

体ほぐしの運動

②伝承遊びや集団による運動

岡 麻知子

1 展開

（1）学習のねらい

①伝承遊び「まりつき」を通して、ボールを操作するための感覚を身につける。

②友達と動きを合わせるためのテクニカルポイントを話し合い、コミュニケーション能力を高める。

（2）学習のねらいを体現する発問・指示

主体的な学びの発問・指示→足をどのように動かすとボールをつきやすくなりますか。

対話的な学びの発問・指示→友達と動きを合わせるためにどんな工夫をしたらよいですか。

深い学びの発問・指示→ボールをつく強さを変えるとボールの跳ね返りはどのように変わりますか。「またくぐし」に合った強さを確かめましょう。

指示1 手を広げてお友達とぶつからないように広がります。

指示2 先生の真似をします、「トーン・トーン・トーン」（リズム言葉を言いながらボールをつく）。

発問1 ○○さんの動きがとても良いです。足をどのように動かすとボールをつきやすくなりますか。

説明1 「膝を柔らかく曲げる」「足を前後に開く」と安定してボールをつくことができます。

説明2 「あんたがたどこさ」に合わせて「またくぐし」をします。レベル5まで順に取り組んでいきましょう。

発問2 ボールをつく強さを変えると、ボールの跳ね返りはどのように変わりますか。「またくぐし」に合った強さを確かめましょう。

説明3 学習カードを見ます。3回できたら△、6回できたら○、最後まで歌いながらできたら◎です。まず6回の○を目指し、レベル5までできるようになったら先生の前で挑戦します（個別評定）。

指示3 「合格」と言われた人から◎を目指し、学習カードにどれくらいできるようになったかを記録します。

指示4 ペアをつくります。一緒に歌いながらまりつきをします。

発問3 友達と動きを合わせるためにどんな工夫をしたらよいですか。

指示5 4人組で一緒に歌いながらまりつきをします。

指示6 最後の「ちょいとかぶせ」のポーズを話し合って決めましょう。

指示7 グループごとに見合います。

❶**場づくり** ボールを1つ持ち、隣の人とぶつからないように広がる。

↓

❷**基礎となる運動** トーン・トーンとリズム言葉を言いながらその場でボールをつく。

↓

❸**発問** 足をどのように動かすと良いか。

評価の観点 友達の動きを観察して気づいているか。

↓

❹**指示** レベル1〜5の動きを練習する。

評価の観点 利き手でボールをつきながら反対側の手足を動かせているか。

↓

❺**指示** 個別評定をする。

評価の観点 「さ」のタイミングでリズムよく「またくぐし」ができているか。

×は❹へ

中学年 **1** 体ほぐしの運動

2 NG事例

（1）ボールの上手なつき方のコツを教師が教えるのではなく、友達の動きを観察しながら気づかせる。

（2）1時間の授業で完成形を求めず、楽しみながら「できた！」を積み重ねていくようにする。

（3）「あんたがたどこさ」を歌いながらすぐにまりつきを始めるのではなく、何回か歌う練習をする。
その際、「さ」のところで手拍子をしたり、膝をタッチしたりするなど、変化のある繰り返しで
歌う練習をしてからまりつきに取り組む。

3 場づくり

準備物／ドッジボール……ついた時の跳ね返り感が固く、力が必要。上学年向き。

ゴムボール……少しの力で弾む。下学年向き。

ホワイトボード……「あんたがたどこさ」の歌詞を貼る。「さ」を赤字にする。

（1）「習得の段階」……5つのステップで「またくぐし」ができるようになる。

ホワイトボード（歌詞を貼る）

個別評定の様子

（2）「活用の段階」……ペアで動きを合わせてまりつきができるようになる。

ホワイトボード（歌詞を貼る）

（3）「探求の段階」……4人組、8人組で動きを合わせてまりつきができるようになる。隊形や、
最後のポーズを話し合って決める。

ホワイトボード
（歌詞を貼る）

4 ミニコラム

「まりつき」の主な動きは、ボールを手や足でつきながら、止める、またの下を通す、足を回して下を通す、
などである。これらの動きを通して「ボールを操作するための感覚」を身につけられる。そこにわらべ歌
が加わる。歌いながら動作をするという協応動作がコーディネーション能力を高めることができる。また、
まりつきに歌（リズム）を入れることによって動きにリズムが出てくる。その結果、まりつきが上達する。

1体つくりの運動遊び／体つくり運動

2走・跳の運動遊び／陸上運動

5　方法・手順

（1）「習得の段階」……5つのステップで「またくぐし」の練習をする。（※以下、利き手が右手の場合）

　①左手で左膝をタッチする。【写真①】

　②左手で左膝を上げてタッチする。【写真②】

　③左手で右膝を上げてタッチする。【写真③】

　④左手で右膝を高く上げてタッチする。足の裏が見えるように高く上げる。

　⑤右膝を大きく回して「またくぐし」をする。

【写真①】　　　　【写真②】　　　　【写真③】

　⑥個別評定をする。レベル1～レベル5まで学習カードが○になった人から教師の前に並ぶ。

　⑦レベル5の動きが合格したら、各レベルの◎を目指して練習する。

（2）「活用の段階」……ペアで動きを合わせてまりつきをする。

　⑧友達と動きを合わせるためにどんな工夫をしたらよいか話し合いながら練習する。

（3）「探求の段階」……4人組、8人組で動きを合わせてまりつきができるようになる。

　⑨最後の「ちょいとかぶせ」の部分のポーズを話し合って決める。

　⑩最後のポーズまでみんなの動きが合うように練習する。

6　コツ・留意点

（1）日常生活の遊びの経験差が見られる運動である。1時間で完成形を求めるのではなく楽しみながら取り組ませたい。

（2）基礎となる運動（その場でのドリブル）をたっぷり行うことで、ボールの跳ね返り感をつかませる。慣れてきたらボールをつきながら歩いたり、ジャンケンをしたりなどの運動も楽しみながら取り入れていくことで、協応動作に徐々に慣れていくことができる。

（3）肩幅に足を開き、膝をまっすぐにして立ちながらボールをつく子供が多い。そこで「足をどのように動かすとボールをつきやすくなるのか」と発問し、運動の視点をもたせる。

7　この技でのチャンピオンは、ここまでできる！

　右足の足の裏が見えるように大きく振り上げながら、またくぐし」ができる

伝承遊びや集団による運動

年　　組　　番（　　　　　　　　　　）

レベル	内容	やり方	振り返り
1	**左手で左ひざをタッチ** 技（わざ）と自己評価（じこひょうか）のポイント 「あんたがたどこさ」を歌いながら「さ」の時にタッチする。 ◎→最後までできる／○→6回できる／△→3回できる	ボールをついていない方の手で、同じ方の足をタッチします	月　　日 ・ ・ ・ できばえ ◎ ○ △
2	**左手で左ひざを上げてタッチ** 足を上げてもバランスを崩さないようにする。 ◎→最後までできる ○→6回できる △→3回できる	少しレベルアップ！タッチした方の足を少し上げます	月　　日 ・ ・ ・ できばえ ◎ ○ △
3	**左手で右ひざを上げてタッチ** 右足を左足に寄せるように上げる。 ◎→最後までできる ○→6回できる △→3回できる	レベルアップ！ボールをついている方の足を少し上げてタッチします	月　　日 ・ ・ ・ できばえ ◎ ○ △
4	**右足を高く上げてタッチ** 足の裏が見えるように高く上げる。 ◎→最後までできる ○→6回できる △→3回できる	さらにレベルアップ！足の裏を友達に見せるように高く上げる！	月　　日 ・ ・ ・ できばえ ◎ ○ △
5	**右足で「またくぐし」をする** 「さ」のタイミングに合わせて足を大きく回す。 ◎→最後までできる ○→6回できる △→3回できる	足を大きく回して完成！	月　　日 ・ ・ ・ できばえ ◎ ○ △

学習カードの使い方：できばえの評価

レベルの評価： ◎よくできた／○できた／△もう少し

※振り返りには、「自分で気づいた点」と「友達が見て気づいてくれた点」の両方を書きます。

（ア）体のバランスをとる運動

① 座るなどの動きの運動

和田恵吾

1 展開

（1）学習のねらい

　①姿勢や方向、人数を変えて座る・立つなど、体のバランスをとる動きを身につける。

　②友達とバランスをとる動きのコツや気づきなどを、学習カードに記録することができる。

（2）学習のねらいを体現する発問・指示

　主体的な学びの発問・指示→スッと立ち上がるためには、どうしたらよいですか。

　対話的な学びの発問・指示→ボールを落とさないコツを、3つにまとめましょう。

　深い学びの発問・指示　→人数が増えても成功させるための作戦を立てます。

指示1　できるだけ背の高さが近い人とペアを組みます。背負い合うように、背中と肘を合わせます。

説明1　座った状態から、肘を外さず立ち上がることができたら大成功です。やってみます。

発問1　スッと立ち上がるためには、どうしたらよいですか。ペアで言い合います。

指示2　実際に試してみましょう。スッと立ち上がるポイントを見つけ、発表します。

説明2　①座り方を同じにする（足を曲げる、伸ばす）②「せーの」など、一緒にかけ声を掛ける③相手を信頼して、背中に体重を掛け合う①②③の方法のどれが大切ですか？　試しましょう。

指示3　楽に立てたら、レベルアップです。背中と背中で、ボールを挟みます。落とさずに立ちます。

発問2　ボールを落とさないコツを3つにまとめます。

説明3　背中の中心でボールを挟む、ボールを軽く押す、同じスピードで立つなどがポイントですね。

指示4　ボールを落とさずに立てたら、そのまま回転したり、移動したり、また座ってみたりします。

説明4　今度は人数を増やして、息を合わせ立ちます。

発問3　人数が増えても成功させるための作戦を立てます。作戦名を一言で表します。

❶**発問**　スッと立ち上がるためには、どうしたらよいですか。

評価の観点　ペアで息を合わせるための具体的方法が分かる。

×は❷へ

↓

❷**発問**　①②③のうち、どれが大切ですか。

評価の観点　立ち上がるコツが複数あることに気づく。

↓

❸**発問**　ボールを落とさないコツを3つにまとめましょう。

評価の観点　コツを3つにまとめられる。（学習カード記録）

↓

❹**説明**　人数が増えても成功させるための作戦を立てます。作戦名を一言で表しましょう。

評価の観点　作戦を一言にまとめられる。（学習カード記録）

2 NG事例

（1）コツやポイントを教師が一方的に与えてしまう。また、子供から出た言葉を使わない。

（2）必要以上の指示や説明、演示などをしてしまう。また、一度にすべて提示してしまう。

（3）子供から出た言葉や動きの例を共有しない。また、上手な例だけをとり上げてしまう。

3 場づくり

準備物／ボール（ペアで1つ）※大きさや硬さなどが異なる複数のボールから選択させるとよい。

（1）「習得の段階」……ペアによる基本的な動き。

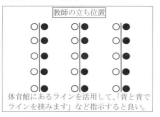
教師の立ち位置
体育館にあるラインを活用して、「背と背でラインを挟みます」など指示すると良い。

（2）「活用の段階」……用具を使った動き。

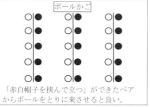
ボールかご
「赤白帽子を挟んで立つ」ができたペアからボールをとりに来させると良い。

（3）「探求の段階」……人数を増やした動き。

【3人】　【4人】　【5人】

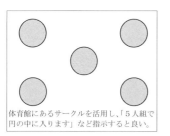
体育館にあるサークルを活用し、「5人組で円の中に入ります」など指示すると良い。

4 ミニコラム

　複数人で息を合わせて立ち上がる動きは、「多様な動きをつくる運動パンフレット」「小学校体育まるわかりハンドブック」（文部科学省）などでも紹介・推奨されている。いわゆる【定番】の体つくり運動である。定番である所以は、いつでも・どこでも・誰でも実践できるからであろう。屋内外や人数など問わず、難しい指導も必要としないため、追試が容易である。また、中学年に限らず、どの学年でも実践が可能である。1年生・6年生でも実証済みである。動きを意図的に引き出す運動を通して、体の基本的な動きを総合的に身につけることをねらいとしている。「人数」「用具」などの視点を組み合わせると、動きの質や量も高まる。「立ちながら移動・回転する」「立ったら座る」など、「動き＋動き」の足し算も、多様な動きにつながる。体を動かす楽しさを味わいながら、「心」もほぐすことができ、学級経営とも両輪となることが期待できる。

5 方法・手順

（1）「習得の段階」……ペアによる基本的な動き。

　①座り方を同じ(長座など)にして立ち上がる。

　②「せーの」と、かけ声をかけて立ち上がる。

　③相手の背中に自分の体重を掛けて立ち上がる。

　④「1・2・3」などカウントして立ち上がる。

　　　いくつのカウントで立ち上がれるか数える。

　⑤できるだけ短いカウントで速く立ち上がる。

▲立ち上がった時の望ましい姿

（2）「活用の段階」……用具を使った動き。

　⑥背と背で、赤白帽子を1つ挟んで立ち上がる(タオルやビブスなどでも代用可)。

　⑦挟む位置を変えてみる(肩のあたり、背中心あたり、腰のあたり、など)。

　⑧赤白帽子を2つ挟んで立ち上がる。

　⑨ボールを挟んで立ち上がる。

　⑩ボールの種類を変えてみる(大きさ、硬さ、など)。

　⑪赤白帽子やボールの他に挟めるものがないか探し、試してみる。

（3）「探求の段階」……人数を増やした動き。

　⑫3人、4人、5人……、と人数を増やして立ち上がる。

　⑬「立ち上がりやすい人数は何人か」「偶数と奇数だとどちらの方が立ち上がりやすいか」

　　　「大人数と少人数だと、どちらの方が立ち上がりやすいか」など予想し、試してみる。

　⑭人数を増やしながら、最大何人まで立ち上がることができるかを予想し、試してみる。

　⑮運動に参加するだけでなく、外から観察して助言する役割も体験する。

6 コツ・留意点

（1）身長や体格に大きな差がないように配慮する(事前に声をかけたり、調整したりする)。

（2）かけ声やカウントなど、声を出し合っているペアを褒め、コツとして共有する。

（3）互いに体重を掛け合い1〜2秒で立つ動きを、望ましい動きとして共有する。

（4）失敗の量や質を価値づけるために、失敗例も取り上げ、試行錯誤の姿そのものを褒める。

（5）コツやポイントを言語化させる時は、「たくさん挙げる」→「3つにまとめる」→「一言で

　　　表す」など、易から難となる組み立てで、発問・指示をする。

7 この技でのチャンピオンは、ここまでできる！

「○○さんの足を最初に伸ばすと良いかも！」「僕は、もう少しみんなに寄りかかってみるね！」「『せーの』の後に、1・2・3ってカウントすると、同じスピードで立ち上がれそう！」

　うまく立ち上がれない場合でも、具体的な助言や提案ができる子供は、コツやポイントに気づけている。

座るなどの動きの運動「息を合わせて立ち上がろう!」

年　　　組　　　番（　　　　　　　　　　　　）

レベル	内容	やり方	振り返り
1 2人で立つ①	**技**と**自己評価**のポイント 2人の腕が離れないように立ち上がる。 ◎→1秒で立てる ○→3秒で立てる △→5秒で立てる		月　　　日 ・ ・ ・ できばえ ◎ ○ △
2 2人で立つ②	赤白ぼうしを落とさないで立ち上がる。 ◎→落とさない ○→途中まで落とさない △→最初から落とす		月　　　日 ・ ・ ・ できばえ ◎ ○ △
3 2人で立つ③	ボールを落とさないで立ち上がる。 ◎→落とさない ○→途中まで落とさない △→最初から落とす		月　　　日 ・ ・ ・ できばえ ◎ ○ △
4 3～4人で立つ	全員の腕が離れないように立ち上がる。 ◎→1秒で立てる ○→3秒で立てる △→5秒で立てる		月　　　日 ・ ・ ・ できばえ ◎ ○ △
5 5人で立つ	全員の腕が離れないように立ち上がる。 ◎→1秒で立てる ○→3秒で立てる △→5秒で立てる		月　　　日 ・ ・ ・ できばえ ◎ ○ △

● 学習カードの使い方：できばえの評価 ●

レベルの評価：◎よくできた→腕が離れずにスッと立ち上がった／○できた→少しバランスが崩れたけど立ち上がった／△もう少し→バランスが崩れた

※振り返りには、「自分で気づいた点」と「友達が見て気づいてくれた点」の両方を書きます。

(ｱ) 体のバランスをとる運動
② 体のバランスを保つ動きの運動

小野宏二

1 展開

（1）学習のねらい

　①体のバランスを保つ動きを工夫して、体つくりができる。

　②仲間と協力して、楽しく活動できる態度を身につける。

（2）学習のねらいを体現する発問・指示

　主体的な学びの発問・指示→オリジナルのかかしを考えてみよう。

　対話的な学びの発問・指示→他にどんな相撲ができますか。

　深い学びの発問・指示→強い力で押すには、手の向きはどうしたらよいですか。

指示1　太鼓に合わせて、スキップ、ギャロップ、ケンケン、ケンケンパをします。

説明1　かかしをします。①両腕をピンと水平に伸ばします。②できる人は目を閉じて、片足を上げて止まります。③ その姿勢を10秒続けます。

指示2　自分のオリジナルのかかしを考えてみよう。

説明2　手押し相撲をします。2人組になります。向かい合って立ち、手のひらを向かい合わせます。先生の合図で手のひらで押し合います。手をわざと引いても構いません。バランスを崩して足が動いた方が負けです。

指示3　今度は踵を上げてしゃがみます。この姿勢で押し合います。

発問1　他にどんな相撲ができますか。

説明2　ケンケン相撲や、おしりで押し合う相撲もできます。また3人、4人、5人、6人……と人数を増やしてすることもできます。

指示4　いろいろな相撲をやってみましょう。①ケンケン相撲　②おしりで押し合う相撲　③3人、4人、5人、6人……と人数を増やす相撲。

発問2　強い力で押すには、手の向きはどうしたらよいですか。

　　　A：八の字　　　B：逆八の字

説明3　逆八の字にすると脇がしまって強い力で押すことができます。

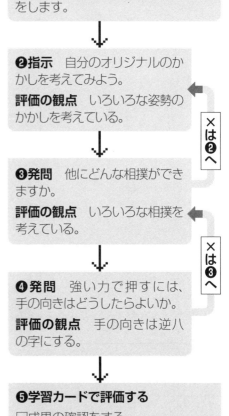

❶指示　太鼓に合わせて、スキップ、ギャロップ、ケンケン、ケンケンパをします。

↓

❷指示　自分のオリジナルのかかしを考えてみよう。

評価の観点　いろいろな姿勢のかかしを考えている。

↓

❸発問　他にどんな相撲ができますか。

評価の観点　いろいろな相撲を考えている。

↓

❹発問　強い力で押すには、手の向きはどうしたらよいか。

評価の観点　手の向きは逆八の字にする。

↓

❺学習カードで評価する

□成果の確認をする。

□課題の把握をする。

×は❷へ

×は❸へ

2 NG事例

（1）狭い場所で行うとぶつかったりする。狭い場所では行わない。

（2）かかしで、目を閉じることに抵抗がある場合は、目を開けたままでもよいことを伝える。

3 場づくり

準備物／フラフープ（2人に1つ）

（1）「習得の段階」……『かかし』1人で基本的な動きを習得する。

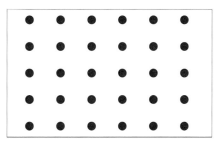

縦、横両手を広げて当たらない間隔で行う。

目を閉じて挑戦！

（2）「活用の段階」……『手押し相撲』『ケンケン相撲』2人で応用した動きを行う。

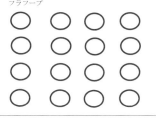

ぶつからないように間を空けて行う。

（3）「探求の段階」……『人数を増やしての手押し相撲』集団で発展した動きを行う。

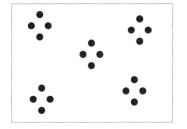

3人、4人、……と人数を増やして、円になって行う。

4 ミニコラム

　強い力で押すには、手の向きは「逆八の字」にした方がよい。この時の手の向きと肘の関係を確認すると、手が「逆八の字」の場合は肘が下を向いている。脇をしめることの本当の意味は肘を下に向けることである。決して上腕が胴体に密着することではない。

　実は、もともと脇がしまっている子供と、そうでない子供がいる。立ったままでも座ったままでもよいので、その場で「前ならえ」をする。手のひらが向かい合うようにして両手をまっすぐ前方に上げる。その時の肘が下を向いて脇がしまっている子供もいれば、肘が外を向いて脇がしまっていない子供もいる。自然と脇がしまるようにするには、棒を両手で手の甲が上を向くように握る。肘を伸ばす。その状態で肘が下を向くようにストレッチをする。毎日20〜30回程度でも徐々に肘がしまってくる。

※参考文献：原尻英樹・木寺英史『超かんたん！「体つくり」運動』（学芸みらい社）

5 方法・手順

（1）かかしをする。

　①両腕をピンと水平に伸ばす。

　②目を閉じて、片足を上げて止まる。

　③その姿勢を10秒続ける。

（2）いろいろな姿勢のかかしを考える。

　①足を後ろに伸ばす。

　②手を上に伸ばす。

　③足の裏を反対の足につける。

（3）手押し相撲をする。

　勝ったらグー、負けたらパーを出して、勝った者同士、負けた者同士でする。

（4）他にどんな相撲ができるか考え、やってみる。

　①ケンケン相撲。

　②おしりで押し合う相撲。

　③3人、4人、5人、……と人数を増やす相撲。

（5）強い力で押すには手の向きをどうしたらよいか考える。

（6）手の向きを「逆八の字」にして押す。

（7）学習カードに記録を書き、自分の反省を書く。

（8）用具の後片付けをする。

6 コツ・留意点

（1）手押し相撲では、相手の体は押さないようにする。手のひらを押すように話す。

（2）強い力で押すには、手の向きを「逆八の字」にすればよいことに気づかせる。

（3）他にも相手の動きをよく見て、相手の力を利用するとよいことに気づかせる。

○ 　　　×

7 この技でのチャンピオンは、ここまでできる！

▲ヨガの「英雄のポーズⅢ」

体のバランスを保つ動きの運動

年　組　番（　　　　　　　　　）

レベル	内容	やり方	振り返り
1 かかし	技(わざ)と自己評価(じこひょうか)のポイント 手を水平に上げて片足で立つ。 ◎→10秒できる／○→5秒できる／△→3秒できる	できる人は 目を閉じる	月　　日 ・ ・ ・ できばえ ◎ ○ △
2 オリジナルのかかし	いろいろな姿勢のかかしをする。 ◎→両手を水平にできる／○→片足を高くできる／△→動かないでできる	後ろの足を 高くする	月　　日 ・ ・ ・ できばえ ◎ ○ △
3 手押し相撲	手のひらで、しっかり押し合う。 ◎→3回戦で3勝／○→3回戦で2勝1敗／△→3回戦で1勝	手のひらを 合わせる	月　　日 ・ ・ ・ できばえ ◎ ○ △
4 ケンケン相撲	ケンケンで手押し相撲をする。 ◎→1度も床に着かない／○→1度、床に着く／△→2度、床に着く	足を床に 着かない	月　　日 ・ ・ ・ できばえ ◎ ○ △
5 おしり相撲	おしりで相手を押し合う。 ◎→両足が輪から出ない／○→片足が輪から出る／△→両足が輪から出る	おしりをしっかり 合わせる	月　　日 ・ ・ ・ できばえ ◎ ○ △
6 円陣相撲	3人以上で手押し相撲をする。 ◎→3回戦で3勝／○→3回戦で2勝1敗／△→3回戦で1勝	3人の間を 空ける	月　　日 ・ ・ ・ できばえ ◎ ○ △

●学習カードの使い方：できばえの評価●

レベルの評価： ◎よくできた／○できた／△もう少し
※振り返りには、「自分で気づいた点」と「友達が見て気づいてくれた点」の両方を書きます。

57

（イ）体を移動する運動

①登る、下りるなどの動きの運動

若井貴裕

1 展開

（1）学習のねらい

①木を使って、登る・下りるの運動ができる。

②仲間のよいところを見つけたり、相談して演技を考えたりすることができる。

③仲間と協力して、楽しく活動できる態度を身につける。

（2）学習のねらいを体現する発問・指示

主体的な学びの発問・指示→肋木の握り方はどちらがいいですか。

対話的な学びの発問・指示→友達のどこがよかったですか。

深い学びの発問・指示→グループで高さ、ポーズ、下り方を工夫しましょう。

説明1	肋木で登り下りをします。
発問1	肋木の握り方はどちらがいいですか（親指を掛けた握り方と掛けない握り方を見せる）。
説明2	肋木は親指を掛けて握ります。
指示1	一番上の棒をタッチしましょう。登った後は、跳ばずに下りてきます。
説明3	次は跳び下ります。登った後、こちらを向いてから跳び下ります（見本を見せる）。
説明4	着地のとき、膝を曲げます。
指示2	3段の高さから跳び下りましょう。
指示3	待っている人は、前の人が着地で膝を曲げているか確認しましょう。
指示4	自分のできる高さから跳び下りましょう。
指示5	今度は登った後、体を開いてポーズをします。
発問2	友達のどこがよかったですか。
説明5	手足を伸ばすときれいに見えます。
指示6	ペアでタイミングを合わせて、登る、ポーズ、跳び下りをしましょう。
指示7	動きを組み合わせて演技します。グループで高さ、ポーズ、下り方を工夫しましょう。
指示8	グループで発表しましょう。

❶指示　肋木は親指を掛けて登ります。

↓

❷発問　肋木の握り方はどちらがいいですか。

評価の観点　親指を掛けて、肋木の登り下りをしている。

×は❷へ

↓

❸発問　友達のどこがよかったですか。

評価の観点　ポーズの時、手足が伸びている。

×は❸へ

↓

❹指示　グループで高さ、ポーズ、下り方を工夫しましょう。

評価の観点　動きを工夫し、タイミングを合わせている。

↓

❺学習カードで評価する

□成果の確認をする。

□課題の把握をする。

2　NG事例

（1）親指を掛けることを指導せずに登らせる。

（2）跳び下り方の指導をしないまま跳び下りさせる。

3　場づくり

準備物／肋木、マット（2枚重ねられる分）、コーン（肋木に並べる列の分）

（1）「習得の段階」……『肋木の登り下り』1人で基本的な動きを習得する。

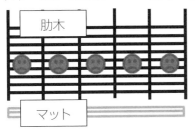
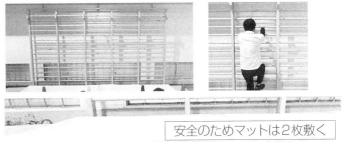

安全のためマットは2枚敷く

（2）「活用の段階」……ペアでタイミングを合わせて登る、ポーズ、跳び下りの動きを行う。

（3）「探求の段階」……複数人でグループ演技を行う。

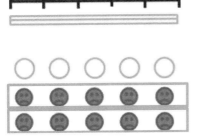

高さや跳び下りるタイミングを工夫する

4　ミニコラム

　肋木運動が盛んになったのは大正2年の教授要目からである。戦後、スポーツ全盛となり、学校体育から姿を消したが、体操を中核としてその周囲を様々なスポーツが取り巻いているとして、その価値が見直された（参考：福山清胤・森下孝『肋木運動』三橋喜久雄監修、慶応通信、1964年）。

　医師の瀬江千史氏は「子供の頃にはとくに、跳び降りたり、走り回ったり、よじ登ったりという、骨に刺激を与える遊びを充分にさせるべき」（『育児の生理学』現代社、1987年、p.78）だと説いている。肋木の授業は1時間だけでなく、帯時間で継続的に行うことが望ましい。

5　方法・手順

（1）「習得の段階」……『肋木の登り下り』1人で基本的な動きを習得する。
　①肋木の握り方：親指を掛けて登り下りをする。
　②跳び下り：こちらを向き、着地で膝を曲げる。
　③ポーズ：手足をピンと伸ばす。
（2）「活用の段階」……ペアでタイミングを合わせて登る、ポーズ、跳び下りの動きを行う。
　④2人でタイミングを合わせて、登る、ポーズ、跳び下りの動作をする（シンクロ）。
（3）「探求の段階」……複数人でグループ演技を行う。
　⑤登る高さ、ポーズ、跳び下りるタイミングなどの観点を与えてグループで演技を考えさせる。
　⑥肋木やフロアで練習をさせる。
　⑦グループごとに発表させる。

▲握り方　　▲こちらを向く　　▲ポーズ（正面・横）　　▲シンクロ（ポーズと着地）

6　コツ・留意点

（1）肋木の前にマットを敷いて、苦手な子の不安解消と怪我防止を図る。

（2）肋木を握る際、親指を掛けることを確認する（※下りるときに掛けていないことがある）。

（3）跳び下りでは、口を閉じて膝を曲げさせる（「口閉じる」「膝曲げる」の復唱）。

（4）最初に低い段で着地の練習を行う。

（5）跳び下りでこちらを向けない場合、前向き、横向きとステップを踏む。

▼マットを敷く　　　▼親指を掛ける

▼口を閉じる

▲低い段からの着地・前向きの着地・横向きの着地

7　この技でのチャンピオンは、ここまでできる！

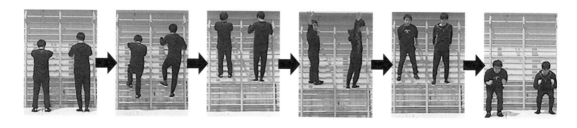

登る、下りるなどの動きの運動

年　　　組　　　番（　　　　　　　　　）

レベル	内容	やり方	振り返り
1 握り方 技と自己評価のポイント 親指を掛けて肋木を握る。 ◎→登り下り両方掛けている ○→片方は掛けている △→掛けていない		掛けている　　　掛けていない	月　　日 ・ ・ ・ できばえ ◎ ○ △
2 登る 1番上まで肋木を登る。 ◎→1番上にさわれる ○→1番上にさわれない △→登れない		1番上の棒にタッチして下りる	月　　日 ・ ・ ・ できばえ ◎ ○ △
3 跳び下り 肋木から跳び下りる。 ◎→膝が曲がっている ○→膝が曲がらない △→跳び下りられない		こちら向きで跳び、膝を曲げて着地	月　　日 ・ ・ ・ できばえ ◎ ○ △
4 ポーズ 登ったところで、体を開いてポーズする。 ◎→手足が伸びている ○→手足が伸びない △→ポーズができない		手足をピンと伸ばす	月　　日 ・ ・ ・ できばえ ◎ ○ △
5 シンクロ タイミングよく登る、ポーズ、跳び下りる。 ◎→すべて合っている ○→少しずれる △→大きくずれる		ポーズと着地を合わせる	月　　日 ・ ・ ・ できばえ ◎ ○ △

● 学習カードの使い方：できばえの評価 ●

レベルの評価： ◎よくできた／○できた／△もう少し
※振り返りには、「自分で気づいた点」と「友達が見て気づいてくれた点」の両方を書きます。

61

（イ）体を移動する運動

②一定の速さでのかけ足

竹内進悟

1 展開

（1）学習のねらい

①3〜4分間程度、一定の速さで走り続けることができる。

②正しいフォームを身につけ、疲れにくい走り方ができる。

（2）学習のねらいを体現する発問・指示

主体的な学びの発問・指示→長く楽に走るにはどうしたらよいですか。

対話的な学びの発問・指示→友達の走る速さや姿勢についてアドバイスしなさい。

深い学びの発問・指示→どうすればより長く楽に走ることができそうですか。

説明1 これから校庭を3周走ります。グループで協力して、1周目と3周目のタイムを記録します。

発問1 （走った直後）今の疲れ具合を5段階で表すとどれくらいですか（この後、交代して全員走る）。

指示1 もう一度走ります。次は、さっきの3周目と同じくらいの速さで3周走ります。1つ目のコーンまで何秒で走ればいいか記録をもとに計算しましょう。

発問2 どちらの方が楽に走れましたか？

発問3 疲れ具合はどうですか？

発問4 長く楽に走るにはどうしたらよいですか？

説明2 長く走るには自分の走りやすい速さを見つけて、同じ速さで走るとよさそうですね。

指示2 自分の1周の時間の目安を決めなさい。

指示3 実際に目安の時間で1周だけ走ってみます。コーンを目安にして走ってごらんなさい。2秒以内のずれなら100点。2秒ずれるごとに5点減点です。

発問5 実は、さらに楽に走る方法があります。ポイントは2つです。何だと思いますか？体の一部です。

発問6 背骨はまっすぐがいいですか。曲がってる方がいいですか。（まっすぐ）

発問7 腕を振る時、肘は伸ばした方がいいですか。曲げたままの方がいいですか。（曲げたまま）

❶**指示** 校庭を3周走ります。

↓

❷**指示** 1つ目のコーンまで何秒で走ればいいか計算しましょう。

評価の観点 自分の速さを見つけることができる。

×は❷へ

↓

❸**発問** 長く楽に走るにはどうしたらいいですか。

評価の観点 2回走った体験をもとに、1周目の速さを落として同じ速さで走ればよいことに気づく。

↓

❹**発問** 肘は伸ばした方がいいですか。曲げた方がいいですか。

評価の観点 肘を曲げたまま真後ろに引くように振ればよいことが分かる。

↓

❺**学習カードで評価する**

□成果の確認をする。

□課題の把握をする。

2　NG事例

（1）目安を設定しないで走らせる。

（2）初めから長い時間走らせる。

（3）ゆっくり走っている子を叱る。

3　場づくり

準備物／ストップウォッチ、学習カード、コーン、タブレット（デジカメ）

（1）「習得の段階」…自分の体に合った速さを見つける。正しい腕の振り方があることを知る。

△悪い腕の振り方　　　　　　　　　　　　　　◎良い腕の振り方

肘を引いた時に伸びてしまう　　　　　　　肘を曲げたまままっすぐ後ろへ引く

（2）「活用の段階」……自分のめあてを設定し、正しい姿勢や腕の振り方、走る速さに気をつけて走ることができる。

△悪い姿勢　　　　　　　　　　　　◎良い姿勢

前傾になっている　　　　　　　背骨がまっすぐ立ち、肘が曲がっている

（3）「探求の段階」…友達と目標を共有し合い、ICT機器を使ってお互いにアドバイスをし合ったり、応援し合ったりしながらよりよい走り方を身につけることができる。

デジカメやタブレットで走っている友達の様子を撮影すれば、一緒にその映像を見て、速さや姿勢について一緒に課題を見つけたり解決したりすることができる。撮った映像は学習履歴として、積み重ねていくこともできる。

4　ミニコラム

　背骨を立て、肘を曲げて腕振りをする理由は、骨盤との関係にある。肘を後ろに下げることによって上体がねじれ、その力が骨盤に伝わり、自然と足が前に出る。背骨が立っていれば、より無駄なく下半身に伝わる。腕は前に振るのではなく、後ろに振るのである。

　また、適度な有酸素運動は、脳を活性化させることが研究で明らかになっている。しかし、やらされていると感じる運動は効果が薄いとういことも分かっている。子供たちにいかに目標を持たせ、主体的に取り組ませることができるかもポイントである。

5 方法・手順

（1）校庭3周を走る。

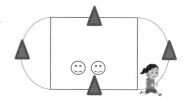

①校庭3周のそれぞれの周回の記録を取る。3人グループで
1人が計測し、もう1人の子供が教師に報告に来るように
させる。3周目も同じように測る。

②学習カードを使い、1周目と3周目のタイムの差を出す。

（2）同じ速さを意識して3周走る。

①「3周目と同じくらいの速さ」と言っても目安がなければ難しい。コーンを図のように置き、
3周目の記録の4分の1の時間でコーン1つ進むイメージをつかませるとよい。

②（1）と同様にやる。

③自分の走るスピードにムラがあったことが分かり、自分にとって心地よい速さを知る。

（3）同じ速さで走ると心臓や肺への負担が少なく、楽に長く走れることが分かる。

（4）自分の1周の目標タイムを決める。

（5）正しい姿勢があることを知る。

①「実は楽に走る方法があります。知りたいですか?」と言って子供が知りたいと思わせ
るようにする。「ポイントの1つ目は、何かを立てることです。何でしょう?」「もう1
つは肘です。肘をどうするでしょう?」と少し考えさせるとよい。

（6）再度、「速さ」「姿勢」「腕の振り方」に気をつけて走る。楽な走り方を体感できるように
する。走っている時の姿勢は自分では分からないので、ペアの友達に声をかけてもらっ
たりタブレットなどで映像を撮ってもらったりすると効果的である。

（7）次の時間に、3〜4分間同じ速さで走ることに挑戦する。

6 コツ・留意点

（1）無理をさせない。目的は、体力の限界に挑戦することではなく、一定の速さで走り続け
ることである。正しいフォームを身につけ、無理なく楽に走ることができるようになれ
ばよい。

（2）短い運動を何回もさせる。3〜4分のランニングでもスピードを出せば大変な運動になる。
トップスピードで一度走ったらもう走ることができない。短い運動を何回も繰り返す方
が身につきやすい。

7 この技でのチャンピオンは、ここまでできる!

5〜6分走ってもラップの差が5秒以内　　　　3〜4分走ってもラップの差が5秒以内
　　　　→高学年レベル　　　　　　　　　　　　　→中学年トップレベル

一定の速さでのかけ足

年　　組　　番（　　　　　　　　　　）

レベル	内容	やり方	振り返り
1	**校庭を3周走ろう**	1周目　　　　秒 3周目　　　　秒 記録をはかろう! 1周目　　　　秒 3周目　　　　秒 記録をはかろう!	月　　日 ・ ・ ・ できばえ ◎ ○ △

技と自己評価のポイント

1周目も3周目も速さを変えずに走ろう。
◎→1周目と3周目の記録の差が1～5秒
○→1周目と3周目の記録の差が6～10秒
△→1周目と3周目の記録の差が11秒以上

レベル	内容	やり方	振り返り
2	**正しい姿勢を意識して 3～4分**		記録	姿勢
1周目　　　　秒	
最終周目　　　　秒		 記録と姿勢をチェック! 	記録	姿勢
1周目　　　　秒	
最終周目　　　　秒		 記録と姿勢をチェック!	月　　日 ・ ・ ・ できばえ ◎ ○ △

①背骨を立てる。
②肘を曲げたまま引く。
◎→背骨が立ち、肘を曲げたまま引いている
○→肘を曲げたまま引いている
△→姿勢が前にかたむき、肘が伸びている

よい姿勢　　　悪い姿勢

学習カードの使い方：できばえの評価

レベルの評価： ◎よくできた／○できた／△もう少し

それぞれのレベルに合わせて◎○△があります。当てはまるものに○をしましょう。

※振り返りには、「自分で気づいた点」と「友達が見て気づいてくれた点」の両方を書きます。

（ウ）用具を操作する運動

① 用具を投げる、捕る、振るなどの動きの運動

中嶋剛彦

1 展開

（1）学習のねらい

①タオルを投げたり捕ったり振ったりすることで、基礎的な感覚を養う。

②仲間と協力して、楽しく活動できる態度を身につける。

（2）学習のねらいを体現する発問・指示

主体的な学びの発問・指示→手でキャッチする以外にどんなキャッチの方法がありますか。

対話的な学びの発問・指示→うまく交換できるコツは何ですか。

深い学びの発問・指示→4人組で交換する時のコツは何ですか。

指示1 タオルを上に投げてキャッチします。10回できたら座ります（両手、右手、左手、1回転して、背面で、など様々なバリエーションでキャッチさせる）。

発問1 他にどんなキャッチの方法がありますか。キャッチ法を開発しましょう。

指示2 ○○さんの方法を真似てやってみましょう。

指示3 タオルを振り回します（頭の上、体の右側、体の左側、8の字、など様々なバリエーションを持ち手を変えて実施させる）。

指示4 ペアでキャッチボール（タオル）をします（投げる時の対角度やキャッチの方法に変化をつけさせる）。

指示5 タオルを振り回した勢いを使って相手にタオルを投げます。

指示6 1人1つタオルを持ちます。同時に上に投げて相手と場所を入れ替わってタオルを交換します。

発問2 うまく交換できるコツは何ですか。

説明1 コツは次の3つです。①かけ声でタイミングを合わせる。②真上に高く投げる。③素早くタオルの下に移動する。

指示7 コツをもとにやってみましょう。

指示8 4人組で挑戦します。

発問3 4人組で交換する時のコツは何ですか。

説明2 ペアの時のコツに加えて「全員が右隣の人のタオルをキャッチする」というように誰が誰のタオルをキャッチするかを決めておくことがコツです。

指示9 コツをもとにやってみましょう。

❶指示 タオルを上に投げてキャッチします。10回できたら座ります。

↓

❷発問 手でキャッチする以外にどんなキャッチの方法がありますか。

評価の観点 自分なりに工夫したキャッチ方法を考えている。

×は❶指示へ

↓

❸発問 うまく交換できるコツは何ですか。

評価の観点 うまく交換できるコツが分かる。

×は❸へ

↓

❹発問 4人組で交換する時のコツは何ですか。

評価の観点 小グループで交換できるコツが分かる。

↓

❺学習カードで評価する

□成果の確認をする。

□課題の把握をする。

指示10 さらに人数を増やしてやってみましょう。

指示11 学習カードに振り返りを書きます。

2 NG事例

（1）狭い場所で行うと衝突したり、転倒したりする。狭い場所では行わない。

（2）投げ合う方向がバラバラだと衝突する恐れがある。方向を統一する。

（3）投げやキャッチの技能が不十分のままペアやグループの活動に移行すると、ペアやグループの活動でのねらいに迫れない。個人の活動で基礎技能を高めておく。

3 場づくり

準備物／タオル（1人1本）

（1）「習得の段階」……『タオルを上に投げての投捕』1人で基本的動きを習得する。

それぞれに適度な間隔を空ける

片方に結び目を
つけたタオル

（2）「活用の段階」……『タオルでキャッチーボール・タオル交換』2人で応用した動きを行う。

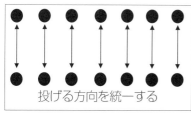

投げる方向を統一する

（3）「探究の段階」……『3人以上でタオル投げ交換』集団で発展した動きを行う。

グループ間で距離を取る

4 ミニコラム

　タオルの大きな利点は、様々な形に変形させることができる点だ。端に結び目をつけたり、ボールのように丸めて結んだりして変化を加えれば、子供たちに様々な運動を体験させることができる。子供の実態にも合わせやすい。

　また、恐怖心を和らげることができる。柔らかいため、ボールを扱うことが苦手な子も取り組みやすい。

　さらに、準備が簡単である。大人数の学級であっても、1人に1つ持たせることができる。運動量を確保することができる。

5 方法・手順

（1）タオルを上に投げてキャッチする（キャッチの方法に変化をつける）。

（2）色々なキャッチ方法を考え、友達の考えたキャッチ方法を真似てキャッチする。

（3）タオルの結び目のない方を持って振り回す（持ち手や回転方向等を変え変化をつける）。

（4）ペアで1つのタオルを使ってキャッチボール（タオル）をする。

（5）結び目のない方を持ち、振り回した勢いを使ってキャッチボール（タオル）をする。

（6）1人1つタオルを持ち、同時に上に投げ相手と場所を入れ替わってタオルを交換する。

（7）うまく交換できるコツを考え、共有したコツをもとにやってみる。

　　①かけ声でタイミングを合わせる。②真上に高く投げる。③素早くタオルの下に移動する。

（8）3人組でタオルを投げて交換する。

（9）うまく交換できるコツを考え、共有したコツをもとにやってみる。

　　①かけ声でタイミングを合わせる。②真上に高く投げる。③素早くタオルの下に移動する。

　　④誰が誰のタオルをキャッチするかを決めておく。

（10）さらに人数を増やしてやってみる。

（11）学習カードに振り返りを書く。

（例）色々なキャッチ

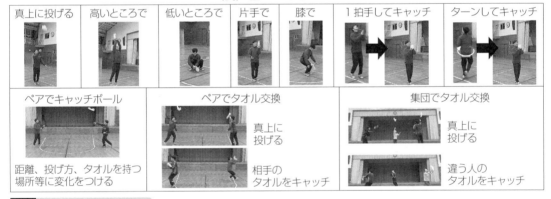

| 真上に投げる | 高いところで | 低いところで | 片手で | 膝で | 1拍手してキャッチ | ターンしてキャッチ |

| ペアでキャッチボール | ペアでタオル交換 | 集団でタオル交換 |

距離、投げ方、タオルを持つ場所等に変化をつける

真上に投げる／相手のタオルをキャッチ

真上に投げる／違う人のタオルをキャッチ

6 コツ・留意点

（1）上手な人や組の動きを見せ、コツを発見させるようにする。

（2）苦手な子には、個別にキャッチの仕方や投げ方の具体的な方法を教えてあげる。

　　投げる：肘を伸ばして腕を大きく振る。

　　キャッチ：体の正面でキャッチする。

7 この技でのチャンピオンは、ここまでできる！

タオルを投げる　片足を前に出す　後ろの足を引きつける　片足立ちになる　　膝裏で挟む

用具を投げる、捕る、振るなどの動きの運動「タオルのキャッチ」

年　　組　　番（　　　　　　　　）

レベル	内容	やり方	振り返り
1 その場で投捕 [技]と自己評価(じこひょうか)のポイント 色々な方法でキャッチする。 ◎→5回できた ○→3回できた △→1回できた		両手で　片手で　低い所で　高い所で	月　　日 ・ ・ ・ できばえ ◎ ○ △
2 キャッチ法開発 新しいキャッチ法を考える。 ◎→3つ以上考えた／○→2つ考えた／△→1つ考えた		膝で　背面で　膝裏で	月　　日 ・ ・ ・ できばえ ◎ ○ △
3 キャッチボール ペアでタオルキャッチボールをする。 ◎→落とさず5回できた／○→落とさず3回できた／△→落とさず1回できた		結び目を持つ　結び目のない方を持つ	月　　日 ・ ・ ・ できばえ ◎ ○ △
4 タオル交換 タオルを同時に上に投げ交換する。 ◎→5回できた／○→3回できた／△→1回できた		真上に投げる　相手のタオルをキャッチ	月　　日 ・ ・ ・ できばえ ◎ ○ △
5 集団タオル交換 3人でタオルを同時に上に投げ交換する。◎→5回できた／○→3回できた／△→1回できた		真上に投げる　違う人のタオルをキャッチ	月　　日 ・ ・ ・ できばえ ◎ ○ △
6 大勢タオル交換 4人以上でタオルを同時に投げ交換する。◎→5回できた／○→3回できた／△→1回できた		真上に投げる　違う人のタオルをキャッチ	月　　日 ・ ・ ・ できばえ ◎ ○ △

学習カードの使い方：できばえの評価

レベルの評価：◎よくできた／○できた／△もう少し
レベル2以外はキャッチができたかどうかを振り返ります。
※振り返りには、「自分で気づいた点」と「友達が見て気づいてくれた点」の両方を書きます。

（ウ）用具を操作する運動

② 用具を跳ぶなどの動きの運動

高遠英俊

1 展開

（1）学習のねらい

①縄に入り、跳ぶことができる。

②縄に入り、間を空けず連続跳びができる。

（2）学習のねらいを体現する発問・指示

主体的な学びの発問・指示→縄を跳ぶ位置は、手前、真ん中、奥、どこがよいですか。

対話的な学びの発問・指示→縄を跳んだ後、どこに抜けるとよいですか。

深い学びの発問・指示→姿勢や目線で友達のよいところを見つけよう。

指示1　グループで場づくりをします。

　　　　●長縄を下に置く。　　●コーンを準備する。

指示2　下に置いてある長縄を跳び越します。前の人の背中にくっつくぐらい間を空けないように跳び越しましょう。前の人と間を空けなかったら合格です。

発問1　縄を跳ぶ位置は、手前、真ん中、奥、どこがよいですか。

指示3　真ん中で跳びます。もう一度、意識して跳んでみます。真ん中で跳べたら合格です。

　　　　※真ん中に印をつける。

指示4　縄を5センチ浮かして跳んでみます。前の人と間を空けなかったら合格です。

指示5　同じように真ん中で跳べたら合格です。

発問2　縄を跳んだ後、どこに抜けるとよいですか。

指示6　回し手の横を通ります。コーンを置きます。回し手とコーンの間を通り抜けたら合格です。横にそれたら不合格です。大波でやってみます。

指示7　縄を回してやってみます。

発問3　姿勢や目線で友達のよいところはどこですか。

指示8　友達のよいところを真似して跳んでみます。（1分間）

❶**場づくり**　縄を下に置く。

↓

❷**指示**　間を空けないように跳びます。

↓

❸**発問**　縄を跳ぶ位置は、手前、真ん中、奥、どこが良いですか。

評価の観点　跳びやすい位置を見極める。

↓

❹**発問**　縄を跳んだ後、どこに抜けると良いですか。

評価の観点　最短距離で跳んでいる。

↓

❺**学習カードで評価する**

□成果の確認をする。

□課題の把握をする。

2 NG事例

（1）1か所のみで行う。1か所で行うと1人の跳ぶ回数が少なくなる。

（2）最初から縄を回す。最初から縄を回すと、慣れない子供は跳べない。

3　場づくり

準備物／長縄、コーン4つ

（1）「習得の段階」……1人で基本的な動きを習得する。前の人と間隔を空けて跳ぶ。

（2）「活用の段階」……真ん中で跳んだ後、回し手とコーンの間を通る練習をする。

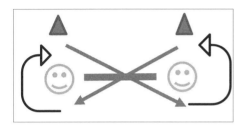

（3）「探求の段階」……跳ぶ中で、姿勢や目線で友達のよいところを見つける。

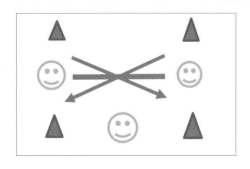

4　ミニコラム

　「長縄跳び」は、一度子供たちが跳ぶことに自信をもつことができると、後は進んで跳ぶことができるようになる。短縄の指導の前に長縄指導をすると、縄に入るタイミングが習得できる。いきなり短縄を指導するより、長縄を指導するとよい。

　スモールステップで指導する中で、子供に自信をつけ「連続で跳べた快感」を味わわせていく。同時に集団で跳ぶ楽しさも体験させていく。仲間と一緒に連続して跳ぶ中で、一体感が生まれる。そして、長縄跳びの楽しさを体験させていく。

5 方法・手順

（1）「基本の場」

①縄を下に置き縄を跳ぶ。

②縄を、5cm浮かせて跳ぶ。

③縄を、跳ぶ時は真ん中を跳ぶようにする。

④跳んだ後、回し手とコーンの間を通る。

（2）「習熟の場」

①縄を回した状態で、真ん中で跳べるようにする。

②縄を回した状態で、真ん中で跳び、回し手とコーンの間に抜けるようにする。

③縄を跳んだ人は、前の人の肩に手をかけ、列を真っすぐにする。

6 コツ・留意点

（1）苦手な子供には、跳ぶ前にトンネルをさせてもよい（縄が上にいったらくぐる）。

（2）コーンの所に教師が立ち、回し手との間を通させるように声かけをすると定着しやすい。

7 この技でのチャンピオンは、ここまでできる！

▲置いた縄を跳ぶ　　　▲1人で跳ぶ　　　▲連続して跳ぶ

用具を跳ぶなどの動きの運動「長縄跳び」

年　　組　　番（　　　　　　　　）

レベル	内容	やり方	振り返り
1	**真ん中で跳ぶ** 技（わざ）と自己評価（じこひょうか）のポイント 「印」の所で片足で跳ぶ。 ◎→片足で5回跳ぶ ○→片足で3回跳ぶ △→片足で1回跳ぶ	上から見た図	月　　日 ・ ・ ・ できばえ ◎ ○ △
2	**まっすぐ抜ける** ◎→回し手とコーンの間をまっすぐ、通り抜ける ○→回し手とコーンの間を通り抜ける △→回し手とコーンの間を曲がって、通り抜ける		月　　日 ・ ・ ・ できばえ ◎ ○ △
3	**前の人と連続して跳ぶ** ◎→間を空けないで、連続して跳ぶ ○→1人分間を空けて、連続して跳ぶ △→友達に背中を押してもらって入る		月　　日 ・ ・ ・ できばえ ◎ ○ △
4	**真ん中で跳び、回し手におへそを向けるように跳ぶ** ◎→回し手におへそを向けて跳ぶことができる ○→おへそが前を向いている △→片足で跳んでいる	☆チェックする人	月　　日 ・ ・ ・ できばえ ◎ ○ △

学習カードの使い方：できばえの評価

レベルの評価： ◎よくできた／○できた／△もう少し

それぞれのレベルに合わせて◎○△があります。当てはまるものに○をしましょう。

※振り返りには、「自分で気づいた点」と「友達が見て気づいてくれた点」の両方を書きます。

73

（エ）力試しの運動

① 人を押す、引く動きや力比べをするなどの動きの運動

角家 元

1 展開

（1）学習のねらい

①新聞紙を投げたり捕ったりする運動を楽しみ、身体を動かす心地よさを感じる。

②仲間と協力して楽しく活動できる態度を身につける。

（2）学習のねらいを体現する発問・指示

主体的な学びの発問・指示→新聞紙を捕る前に、手をたくさん叩くコツは何ですか。

対話的な学びの発問・指示→新聞紙棒引きで勝つためのコツは何ですか。

深い学びの発問・指示→棒引きリレーで勝つためのコツは何ですか。

指示1	太鼓に合わせて、前向き走、後ろ向き走、スキップ、ギャロップをします。
説明1	新聞紙をくしゃくしゃにします。新聞紙を上に投げて捕るまでに、手を何回叩けるかを数えます。
発問1	新聞紙を捕る前に、手をたくさん叩くコツは何ですか。
説明2	新聞紙を高く投げ上げます。手は素早く叩きます。膝を曲げ、床ギリギリで捕ります。
発問2	棒引きで勝つためのコツは何ですか。
説明3	相手の腰よりも自分の腰を下げると勝てます。
指示2	最初は棒1本、次は棒2本で引き合います。
説明4	雑巾棒引きをします。1のコーンまで引けたら次は2のコーンまで引きます。2のコーンまで引けたら次は3のコーンまで引きます。
説明5	棒引きリレーをします。折り返し地点で交代します。
発問3	棒引きリレーで勝つためのコツは何ですか。
説明6	雑巾に乗る人は、後ろに体重を掛けます。
指示3	棒や用具の後片付けをします。
指示4	学習カードに、どれくらいできるようになったかを記録します。

❶指示 太鼓に合わせて、前向き走、後ろ向き走、スキップ、ギャロップをします。

↓

❷発問 手をたくさん叩くコツは何か。

評価の観点 高く投げ上げたか。素早く叩いたか。膝を曲げ、床ギリギリで捕ったか。

↓

❸発問 棒引きで勝つためのコツは何か。

評価の観点 相手の腰よりも自分の腰を下げたか。

↓

×は❸へ

❹発問 棒引きリレーで勝つためのコツは何か。

評価の観点 雑巾に乗る人は後ろに体重を掛けたか。

↓

❺学習カードで評価する

□成果の確認をする。

□課題の把握をする。

2 NG事例

（1）新聞紙を投げたり捕ったりする時、狭い場所で行う（人同士がぶつかる）。

（2）2人で行う棒引きの時、途中で棒を離す（頭や背中を打つ）。

（3）棒引きリレーの時、スピードを出し過ぎる（転倒する）。

3 場づくり

準備物／新聞紙（1人1枚）、新聞紙の棒（人数分）雑巾、コーン、マーカーコーン
（1）「習得の段階」……『新聞紙の投捕』1人で基本的な動きを習得する。

▼くしゃくしゃに丸めた新聞紙

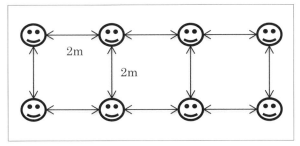

（2）「活用の段階」……『棒引き』2人で応用した動きを行う。

▼1本の棒を引き合う

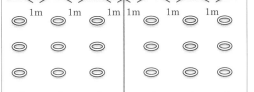

（3）「探求の段階」……『棒引きリレー』集団で発展した動きを行う。

▼棒引きリレー

4 ミニコラム

　新聞紙は、ボールや輪などに比べて利点が多い。①新聞紙は簡単に手に入り1人1本用意できる。②丸める、投げる、捕ることは誰でもできる。③新聞紙は体に当たっても痛くない。新聞紙を使った運動は、運動量を確保でき、運動が苦手な子供も安心して取り組むことができる。

5 方法・手順

（1）「習得の段階」……1人で、新聞紙を投げたり捕ったりする。

　①その場で捕る：真上に投げ上げて、手で捕る。その間に手をたくさん叩く。

　②床にタッチして捕る：真上に投げた後、床にタッチしてから捕る。その間に手を叩く。

　③1回転して捕る：真上に投げた後、1回転してから捕る。その間に手を叩く。

（2）「活用の段階」……2人で、新聞紙を使った棒引きをする。

　①1本の棒を引き合う。足が床から離れたら負け。

　②2本の棒を引き合う。足が床から離れたら負け。

　③雑巾棒引きをする。1のコーンまで引けたら、次は2のコーンに挑戦する。2のコーン
　　まで引けたら、次は3のコーンに挑戦する。

（3）「探求の段階」……新聞紙を使った棒引きリレーをする。

　①3〜4チームをつくり、折り返し地点を過ぎたら役割を交代する。

　②雑巾に乗る人は、床に足が着いたら、その場所からやり直しをする。

　③早くゴールしたチームの勝ちとする。

▲その場で捕る　　▲床にタッチして捕る　　▲一回転して捕る

6 コツ・留意点

（1）2人組をつくる時、なるべく同じ体格の子供同士になるようにする。

（2）棒引きリレーでは、雑巾に乗る時に前のめりにならないように、体重を後ろに掛ける。

7 この技でのチャンピオンは、ここまでできる！

▲1回転してから床にタッチして捕る（連続技）　　▲腰の位置を最大限に低くする

人を押す、引く動きや力比べをするなどの動きの運動「新聞紙を使った動き」

年　　組　　番（　　　　　　　　）

レベル	内容	やり方	振り返り
1 投げて捕る	**技と自己評価のポイント** 新聞紙を捕る前に手を叩く。 ◎→5回以上できる ○→3回できる △→1回できる	真上に高く投げる 膝を曲げて捕る 素早く手を叩く	月　　日 ・ ・ ・ できばえ ◎ ○ △
2 1本棒引き	1本の棒を2人で引き合う。 ◎→3回戦で3勝 ○→3回戦で2勝1敗 △→3回戦で1勝2敗、3敗	後ろの足に体重を掛けて引く	月　　日 ・ ・ ・ できばえ ◎ ○ △
3 2本棒引き	2本の棒を2人で引き合う。 ◎→3回戦で3勝 ○→3回戦で2勝1敗 △→3回戦で1勝2敗、3敗	自分の腰を相手よりも低くする	月　　日 ・ ・ ・ できばえ ◎ ○ △
4 雑巾棒引き	2人で雑巾棒引きをする。 ◎→3のコーンまで引ける ○→2のコーンまで引ける △→1のコーンまで引ける	雑巾に乗る人は体重を後ろに掛ける	月　　日 ・ ・ ・ できばえ ◎ ○ △
5 雑巾棒引きリレー	雑巾棒引きリレーをする。 ◎→雑巾から落ちないで全員ができる ○→ルールが守れる △→応援ができる	雑巾に乗る人は体重を後ろに掛ける	月　　日 ・ ・ ・ できばえ ◎ ○ △

● 学習カードの使い方：できばえの評価 ●

レベルの評価：◎よくできた／○できた／△もう少し

それぞれのレベルに合わせて◎○△があります。当てはまるものに○をしましょう。

※振り返りには、「自分で気づいた点」と「友達が見て気づいてくれた点」の両方を書きます。

（エ）力試しの運動

②物にぶら下がるなどの動きの運動

木原 航

1 展開

（1）学習のねらい

①肋木をしっかりと握り、一定の時間ぶら下がることができる。

②肋木にぶら下がる運動を通して、全身に力を込める感覚を身につけることができる。

（2）学習のねらいを体現する発問・指示

主体的な学びの発問・指示→肋木を握る時、どんな握り方がよいですか。

対話的な学びの発問・指示→肋木にぶら下がっている友達の動きで、よいのは誰ですか。

深い学びの発問・指示→足でボールをキャッチする時、どんな工夫をすればよいですか。

指示1　マットを班で1つ肋木の下に運びます。

指示2　肋木の前に班ごとに並びます。

指示3　一番高い所にタッチして次の人と交代します。

指示4　なるべく高い所に上り、みんなの方を向いて跳び下ります。

指示5　一番上の棒を握り5〜10秒間ぶら下がります。

発問1　肋木を握る時、どんな握り方がよいですか。

説明1　棒から手が離れにくくするために親指をかけて握ります。手の向きはどちらでもよいです。

発問2　肋木にぶら下がっている友達の動きで、よいのは誰ですか。

指示6　自転車こぎを10回して、次の人と交代します。

指示7　ぶら下がっている人と次の人で足ジャンケンをします。勝ったら交代です。

指示8　列の先頭の人、ボールを1つ持ってきます。

指示9　肋木にぶら下がって、次に待つ人が投げたボールを足でキャッチします。

発問3　足でボールをキャッチする時、どんな工夫をすればよいですか。

説明2　ボールキャッチのコツは、①足を前に出す、②タイミングを合わせる、の2つです。

指示10　学習カードに、どれぐらいできるようになったかを記録します。

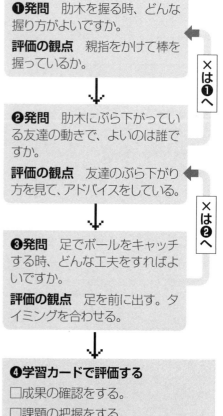

❶発問　肋木を握る時、どんな握り方がよいですか。

評価の観点　親指をかけて棒を握っているか。

×は❶へ

❷発問　肋木にぶら下がっている友達の動きで、よいのは誰ですか。

評価の観点　友達のぶら下がり方を見て、アドバイスをしている。

×は❷へ

❸発問　足でボールをキャッチする時、どんな工夫をすればよいですか。

評価の観点　足を前に出す。タイミングを合わせる。

❹学習カードで評価する

□成果の確認をする。

□課題の把握をする。

2 NG事例

（1）1つのステップを習熟しないまま、次のステップに進まない。

（2）ぶら下がる時間は個人差が大きいため、苦手な子供に無理をさせない。

3 場づくり

準備物／肋木（登る箇所が6つの場合）、マット6枚、ボール6個

（1）「習得の段階」……『跳び下りる・ぶら下がる・自転車こぎ』1人で基本的な動きを習得する。

跳び下りる運動の際は
マットをなるべく広げ、
着地できる範囲を
広くする。

（2）「活用の段階」……ペアで足ジャンケンをしたり、足でボールをキャッチしたりする。

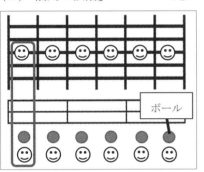

声をかけて、タイミングを合わせて行う。

（3）「探求の段階」……横1列で一斉にボールを投げ、シンクロボールキャッチを行う。

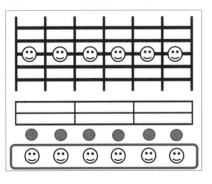

使うボールは小さめで軽いものがよい。
大きくて重いものはキャッチするのが困難である。

4 ミニコラム

　肋木は、スウェーデン体操の代表的な器具の1つである。日本には大正期に伝えられ、全国に広まった。しかし、最近では活用されることが少ないようである。肋木ではぶら下がる運動以外にも、登り下り・横への移動・飛び下りる・逆立ち・肋木どんじゃんけんなど、体つくり運動で大いに活用できる教具である。45分間ずっと肋木を使った運動を行うのではなく、授業の1パーツとして使うのがよい。最近は肋木に固定する形のクライミングウォールもある。

5 方法・手順

（1）「習得の段階」……『跳び下りる・ぶら下がる・自転車こぎ』1人で基本的な動きを習得する。

①一番高い所にタッチして次の人と交代する。リレー形式で行う。

②高い所に上り、みんなの方を向いて跳び下りる。

③一番上の棒に5〜10秒ぶら下がる。

④肋木にぶら下がって自転車をこぐように足を動かす。10回したら交代する。

（2）「活用の段階」……ペアで足ジャンケンをしたり、足でボールをキャッチしたりする。

⑤ぶら下がっている人と次の人で足ジャンケンする。勝ったら交代する。また、あいこや負けが3回続いた場合も交代する。

⑥次の人がボールを投げて、ぶら下がっている人が足でキャッチする。キャッチできたら交代する。3回連続でキャッチできなかった場合も交代する。

足じゃんけん

（3）「探求の段階」……横1列で一斉にボールを投げ、シンクロボールキャッチを行う。

⑦⑥を横の6組で行う。6組中何組がキャッチできたかを競う。

6 コツ・留意点

（1）肋木の握り方は親指をかけるのが基本だが、手の大きさや肋木の太さによっては親指を掛けないほうが力が入りやすい場合もある。子供の実態に応じて変える。

（2）待ち時間が長くならないように1人ひとりが取り組む回数や時間をある程度制限する。

○ 親指を掛けた握り方

× 親指を掛けない握り方

7 この技でのチャンピオンは、ここまでできる！

ぶら下がった状態になる。次に足を前にして、ボールより少し大きめに広げる。

最後に足をボールの高さに合わせて動かし、キャッチする。

物にぶら下がるなどの動きの運動「肋木を使った動き」

年　　組　　番（　　　　　　　　　　　）

レベル	内容	やり方	振り返り
1 跳び下りる　　**技(わざ)と自己評価(じこひょうか)のポイント**　肋木から跳び下りる。　◎→上の方から　○→真ん中から　△→下の方から		前を向き、膝を曲げて着地	月　　日　・　・　・　できばえ ◎ ○ △
2 ぶら下がる　一番上の棒にぶら下がる。　◎→10秒間以上　○→5秒間　△→5秒未満		親指を掛けて握る	月　　日　・　・　・　できばえ ◎ ○ △
3 自転車こぎ　自転車こぎを行う。　◎→10回以上　○→5回　△→5回未満		足を前に押し出して回す	月　　日　・　・　・　できばえ ◎ ○ △
4 ジャンケン　次の人と足ジャンケンをする。　◎→1回目で勝ち　○→2〜3回目で勝ち　△→勝てずに		タイミングを合わせる	月　　日　・　・　・　できばえ ◎ ○ △
5 ボールキャッチ　次の人が投げたボールを足でキャッチする。　◎→1回目で成功　○→2〜3回目で成功　△→キャッチできず		足を広げて待つ	月　　日　・　・　・　できばえ ◎ ○ △

● 学習カードの使い方：できばえの評価 ●

レベルの評価： ◎よくできた／○できた／△もう少し

※振り返りには、「自分で気づいた点」と「友達が見て気づいてくれた点」の両方を書きます。

（オ）基本的な動きを組み合わせる運動

① バランスをとりながら 移動するなどの動きの運動

柏倉崇志

1 展開

（1）学習のねらい

①線や平均台上でバランスをとりながら歩いたり走ったりすることができる。

②物を持ったりかついだりして、バランスをとりながら平均台上で歩くことができる。

（2）学習のねらいを体現する発問・指示

主体的な学びの発問・指示→落ちないように渡るには、どんなことに気を付けるといいですか。

対話的な学びの発問・指示→上手に渡っている友達の動きは、どこがいいですか。

深い学びの発問・指示→ボールの他にどんな物が運べますか。

指示1 線の上を歩きます。

発問1 線から外れずに歩きます。踵から着くのがいいですか、つま先から着くのがいいですか。

指示2 平均台を渡ります。

発問2 落ちないように渡るには、どんなことに気を付けるといいですか。

発問3 上手に渡っている友達の動きは、どこがいいですか。

説明1 平均台の横をこすってから足を前に出し、つま先から着地するとよいです。合言葉は「スイッ・トン」です。

指示3 「スイッ・トン」で平均台を渡ります。

指示4 2人で足を揃えて平均台を渡ります。

指示5 1人でボールを持って平均台を渡ります。

指示6 2人で足を揃えて、ボールを持って平均台を渡ります。

発問4 ボールの他にどんな物が運べますか。

指示7 ボールの他の物も工夫して運んでみます。

指示8 集団で足を揃えて、ボール、棒、フラフープを持って平均台を渡ります。

2 NG事例

（1）いきなり平均台の難しい場で運動させる。

（2）一方的な指示のみでコツの共有がない。

---

❶発問 落ちないように渡るには、どんなことに気を付けるといいですか。

評価の観点 自分の考えを持つことができたか。

↓

❷発問 上手に渡っている友達の動きは、どこがいいですか。

評価の観点 自分の考えを持つことができたか。

↓

❸指示 スイッ・トンで平均台を渡ります。

評価の観点 平均台の横をこすって足を前に出し、つま先から着いているか。

↓

❹指示 2人で足を揃えて平均台を渡る。

評価の観点 2人の動きが揃っているか。

×は❸へ

↓

❺学習カードで評価する

□成果の確認をする。

□課題の把握をする。

3 場づくり

準備物／体育館の床の線、平均台、マット、ボール、体操棒、フープ等

（1）「習得の段階①」……体育館の床の線（バレーボールコートの線など）を使う。

　線の上を様々な歩き方をしたり、鬼遊びやどんジャンケンをしたりして遊ぶ。線から外れない歩き方をする。

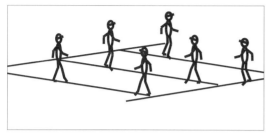

▲つま先から床に着けると線から外れにくい

（2）「習得の段階②」……平均台・マットを使う。

　平均台の上で様々な渡り方をしたり、落ちない渡り方をしたりする。

▲平均台の横をこする「スイッ」　▲つま先から着地する「トン」

（3）「活用・探求の段階」……平均台・マット・ボール・体操棒・フープ等を使う。

　平均台の上でボール等を運びながら渡る。

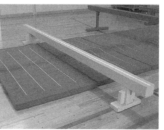

▲安全のためマットを敷く　　　▲運ぶ物の例

4 ミニコラム

　平均台運動には「歩き方」がある。台の側面を擦るようにして足を前に出し、つま先で台の上面を触って確かめてから踵を下ろす。踵を下ろす時に重心を前に移動させる。この間、足が台から離れる瞬間はない。従って、この技術を使えば、目を閉じても足で台を探りながら前に移動することができる。体操競技の選手は、この平均台の歩き方を身につけ、さらにトレーニングで感覚を磨くことで、平均台の10cmの幅、125cmの高さで様々な技ができるようになる。

5 方法・手順

（1）体育館の線の上を歩く。

①歩く、走る、スキップ、ギャロップ、ケンケンなど様々な歩き方、走り方をする。

②遊ぶ（例：ジャンケンしてすれ違う、鬼遊び、どんジャンケンなど）。

③線から外れずに歩くには、踵から着くのがいいか、つま先から着くのがいいか考える。

▲踵から着く　　▲つま先から着く

（2）平均台を渡る。

①様々な渡り方（前向き、横向きなど）をする。

②落ちない渡り方を考える。

③上手に渡っている友達の動きを観察する。

④平均台の横をこすってから足を前に出し、つま先から着いて渡る。

合言葉は「スイッ・トン」。

⑤2人で動きを揃えて渡る。

（3）ボール等を運びながら平均台を渡る。

①ボールを1個持って運ぶ。

②ボールを左右に1個ずつ持って運ぶ。

③2人がそれぞれボールを持ち、動きを揃えて運ぶ。

④集団がそれぞれボールや棒、フープ等を持ち、動きを揃えて運ぶ。

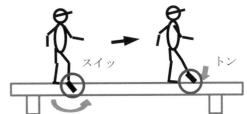

6 コツ・留意点

（1）体育館の線の上を歩く経験を十分にする。

（2）平均台の横をこすってから足を前に出し、つま先から着地する。足の触覚を意識する。

（3）2人以上で動きを揃えて平均台を渡るとき、「スイッ・トン」のイメージ語で足の動き
を揃える。

（4）ボールなどを持って運ぶ場合、落とさないようにボールの揺れに手の動きを合わせる。

7 この技でのチャンピオンは、ここまでできる！

（1）ボールを投げ上げてキャッチしながら渡る。

（2）ボールをドリブルしながら渡る。

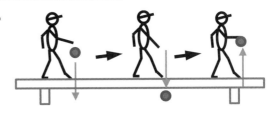

バランスをとりながら移動するなどの動きの運動

年　　　組　　　番（　　　　　　　　　　　）

レベル	内容	やり方	振り返り
1 線の上を歩く 技と自己評価のポイント 1人で歩く。 ◎→5回できる／○→3回できる ／△→1回できる		つま先から床に着いて線の上を歩く	月　　　日 ・ ・ ・ できばえ ◎ ○ △
2 平均台を渡る 1人で渡る。 ◎→5回できる／○→3回できる ／△→1回できる		スイッ！　　　　　トン！ 平均台の横をこすってから足を前に出し、つま先から着地。合言葉は「スイッ・トン」	月　　　日 ・ ・ ・ できばえ ◎ ○ △
3 平均台を渡る 2人で動きを揃えて渡る。 ◎→5回できる／○→3回できる ／△→1回できる		2人で足の動きを揃えて渡る 合言葉は「スイッ・トン」	月　　　日 ・ ・ ・ できばえ ◎ ○ △
4 平均台で運ぶ① 1人でボールを運ぶ。◎→ボールを左右に1個ずつ持つ／○→ボールを1個持つ／△→ボールを落とす		ボールを持って運ぶ	月　　　日 ・ ・ ・ できばえ ◎ ○ △
5 平均台で運ぶ② 2人で動きを揃えて運ぶ。◎→ボールを左右に1個ずつ持つ／○→ボールを1個持つ／△→ボールを落とす		2人で足の動きを揃えてボールを運ぶ 合言葉は「スイッ・トン」	月　　　日 ・ ・ ・ できばえ ◎ ○ △
6 平均台で運ぶ③ 集団で物を運ぶ。◎→3種類の物が運べる／○→2種類の物が運べる／△→1種類の物が運べる		ボール、棒、フラフープを運ぶ 集団で足の動きを揃える	月　　　日 ・ ・ ・ できばえ ◎ ○ △

学習カードの使い方：できばえの評価

レベルの評価：◎よくできた／○できた／△もう少し
「できばえ」と「振り返り」を記入します。
※振り返りには、「自分で気づいた点」と「友達が見て気づいてくれた点」の両方を書きます。

体ほぐしの運動

① グループや学級の仲間と力を合わせて挑戦する運動

永野 拓

1 展開

（1）学習のねらい

①楽しい運動を取り入れることで子供たちの運動量を増やす。

②仲間と協力して運動することの楽しさを味わわせる。

（2）学習のねらいを体現する発問・指示

主体的な学びの発問・指示→どうしたら〇秒間に、違う２人組になれますか。

対話的な学びの発問・指示→「なべなべ底抜け」が上手にできる友達の動きは、どこがいいですか。

深い学びの発問・指示→どうしたら「なべなべ底抜け」がスムーズにできますか。

指示1　リズム太鼓に合わせて歩きます。走ります。人とは違う方向に走ります。

※スキップ、後ろ向き走り、ギャロップなど。

指示2　２人組をつくります。５秒以内。ジャンケンおんぶ。

※足ジャンケンで負けた人がおんぶする。

指示3　違う２人組、３秒以内。

※次々と違う２人組を組ませる。

※ジャンケン手押し車、足の踏み合い、背中の叩き合いなどを行う。

指示4　今度は２人で「なべなべ底抜け」をします。

発問1　どうすればスムーズにできますか。

指示5　今度は４人組で「なべなべ底抜け」をします。

発問2　人数が増えた場合、どうやったらできますか？

指示6　今度は８人組でやってごらん。

指示7　最後はクラス全員でやりますよ。

発展1　手をつないだまま小さな円になって座ります。「もしもし亀よ」をします。

※その後、大根抜きをする。

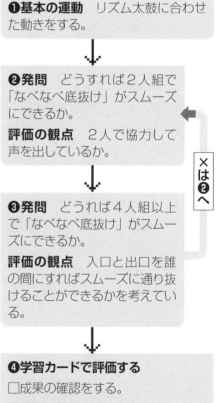

❶**基本の運動**　リズム太鼓に合わせた動きをする。

↓

❷**発問**　どうすれば２人組で「なべなべ底抜け」がスムーズにできるか。

評価の観点　２人で協力して声を出しているか。

↓

❸**発問**　どうれば４人組以上で「なべなべ底抜け」がスムーズにできるか。

評価の観点　入口と出口を誰の間にすればスムーズに通り抜けることができるかを考えている。

↓

❹**学習カードで評価する**

□成果の確認をする。

□課題の把握をする。

×は❷へ

2 NG事例

（1）いきなり「なべなべ底抜け」をする。方法が分からないと子供は動けない。

（2）いきなり男女ペアを組ませる。男女ペアをいやがる子供もいる。

（3）２人→４人と「なべなべ底抜け」ができた時に教師が盛り上げない。

3 場づくり

準備物／リズム太鼓

（1）「習得の段階」……1人で基本的な動きの習得（体育館全面を使う）。

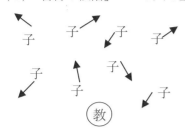

「太鼓のリズムに合わせて走る」「スキップ」「後ろ向き走り」「後ろ向きスキップ」「ギャロップ」「線の上を走る」など10種類以上の走り方を次々とさせる。太鼓のリズム合わせて子供たちは体育館を自由に動き回る。ポイントは「太鼓が「トトン」と鳴ったら何をしていてもその場でピタッと止まる」ということである。

（2）「活用の段階」……2人組での運動（体育館全面を使う）。

▲ジャンケン手押し車

▲足の踏み合い

（3）「探求の段階」……『なべなべ底抜け』4人組以上での運動（体育館全面を使う）。

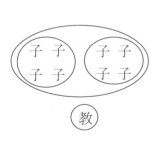

▲4人組での「なべなべ底抜け」

▲8人組での「なべなべ底抜け」

（4）「発展の段階」……『もし亀』を使っての運動。
「♪もしもし亀よ亀さんよ〜、世界のうちでお前ほど、歩みの……」のリズムに合わせて、自分の膝を軽く叩く。2回目は、「もしもし 亀よ 亀さん よ〜 、世界の うち でお前 ほど 、歩みの……」の□囲みの部分だけを隣の人の膝を叩く。スピードアップをすると子供たちは熱狂状態になる。

▲「もし亀」のリズムで膝を叩く

4 ミニコラム

　この流れは、4月の体育授業開きに行いたい。「先生の指示通りに動いたらすごく楽しかった」、4月はこのような経験を子供たちにたくさんさせたい。楽しい活動を通して教師の権威が打ち立てられるからだ。「体ほぐし」には楽しい運動がたくさんある。だからこそ、体ほぐしの運動を教師がたくさん知っておくことは極めて大切である。

5 方法・手順

（1）リズム太鼓を使った運動。

　①太鼓のリズムに合わせて自由に歩く→走る。

　②スキップ→ケンパ→ギャロップ。

　③後ろ向き走り→後ろ向きスキップ。

（2）2人組での運動（3－(2)参照）。

▲ジャンケンおいもコロコロ

　①ジャンケンおんぶ。

　②ジャンケン手押し車。

　③ジャンケンおいもコロコロ。

　④背中の叩き合い。

　⑤足の踏み合い。

（3）なべなべ底抜け。

　2人組でなべなべ底抜け→4人組→8人組→16人組→全員。

▲2人組「なべなべ底抜け」

（4）もし亀（3－(4)参照）。

（5）大根抜き。

「最後は大根抜きです」と教師が宣言すると、子供たちは小さくまとまる。もし亀から子供たちは熱狂状態なので、ここでも子供たちは熱狂状態になっている。最初の鬼は教師がする。

　ただ、無理やりに引っこ抜くと怪我が起きる可能性が高まるので注意が必要。引き抜かれた子供も鬼となり、他の子供を引き抜いていかせる。子供たちの熱狂状態が続く。

▲大根抜き

6 コツ・留意点

　この授業でのポイントは「集団で何かを達成することの喜びを味わわせること」である。そのためには、男女で手をつないで「なべなべ底抜け」をすることに対する抵抗感を減らす必要がある。そのために、まずは楽しい2人組の運動を次々と行う必要がある。「楽しい」という感情が強まると、男女で手をつなぐことも多くの子供が気にしなくなる。

7 この技でのチャンピオンは、ここまでできる！

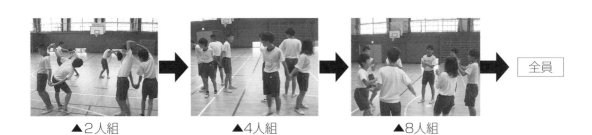
▲2人組　　　　　▲4人組　　　　　▲8人組　　　　　全員

グループや学級の仲間と力を合わせて挑戦する運動「なべなべ底抜け」

年　　組　　番（　　　　　　　　　　　）

レベル	内容	やり方	振り返り
1	**2人組で足のふみ合い** 技(わざ)と自己評価(じこひょうか)のポイント 手をつなぎ、軽く足を踏み合う。 ◎→両手をしっかりつなげる ○→両手を軽くつなげる △→両手をつなげない	両手をしっかりつなぐ	月　　　日 ・ ・ ・ できばえ ◎ ○ △
2	**2人組で背中の叩き合い** お互いの背中を叩き合う。 ◎→誰とでも楽しく叩ける ○→男女で楽しく叩ける △→楽しく叩ける	手をしっかりつなぐ	月　　　日 ・ ・ ・ できばえ ◎ ○ △
3	**2人組で「なべなべ底抜け」** 2人組で先生のリズムに合わせて「なべなべ底抜け」をする。 ◎→リズムに合わせてできる ○→少しリズムに合わない △→リズムに合わない	リズムに合わせて行う	月　　　日 ・ ・ ・ できばえ ◎ ○ △
4	**4人組で「なべなべ底抜け」** 4人組で先生のリズムに合わせて「なべなべ底抜け」をする。 ◎→4人そろって合わせてできる ○→3人そろって合わせてできる △→みんなと合わせてできない	潜り抜ける場所を考える	月　　　日 ・ ・ ・ できばえ ◎ ○ △
5	**8人組で「なべなべ底抜け」** 8人組で先生のリズムに合わせて「なべなべ底抜け」をする。 ◎→誰とでも楽しくできる／○→どの班の友達とも楽しくできる／△→決まった班の友達と楽しくできる	リズムに合わせくぐり抜ける場所を考える	月　　　日 ・ ・ ・ できばえ ◎ ○ △

学習カードの使い方：できばえの評価

レベル1〜4の評価：◎よくできた／○できた／△もう少し
※8人組ができたら、クラス全員での「なべなべ底抜け」に挑戦しましょう。
※振り返りには、「自分で気づいた点」と「友達が見て気づいてくれた点」の両方を書きます。

体ほぐしの運動
②伝承遊びや集団による運動

佐藤貴子

1 展開

（1）学習のねらい

　①伝承遊びや集団遊びを行い、体ほぐしができる。

　②友達と協力して、楽しく活動できる態度を身につける。

（2）学習のねらいを体現する発問・指示

　主体的な学びの発問・指示→歌に合わせ、リズムよく跳べるか。

　対話的な学びの発問・指示→ペアやグループ、クラス全員で、跳んでみよう。

　深い学びの指示・発問→歌に合わせ、他にどんな動きができるか。

指示1　「あんたがたどこさ」の歌を歌います。「さ」の時に、手を叩きます。

指示2　ケンパでやってみましょう。「さ」のときに、足をパーにします。最後の「ちょいとかぶせ」の「せ」の時は、好きなポーズをします。先生の真似をします。

指示3　レベルを上げます。左・右と跳びます。「さ」の時は、前に跳びます。

指示4　ペアになります。向かい合って跳びます。

発問1　どうしたらぶつからないように跳べるかな。

指示5　ぶつからないように最後まで行けたら合格です。

指示6　4人グループになりましょう。左に跳びます。「さ」の時に、「右」です。

指示7　全員でやってみましょう。

発問2　左・右以外に、どんな動きができますか。ペアで考えましょう。

指示8　考えた動きを発表します。

指示9　友達の考えた動きをやってみましょう。

指示10　全員でやってみましょう。

指示11　学習カードに、どれくらいできるようになったかを記録します。

❶指示　教師の動きを見ることにより、「あんたがたどこさ」の動きをイメージさせる。

↓

❷指示　1人で止まらずに最後まで跳ぶ。

評価の観点　歌に合わせて、リズミカルに跳べているか。

↓

×は❷へ

❸指示　ペアやグループ、全員で、歌に合わせて跳ぶ。

評価の観点　友達と息を合わせリズミカルに跳んでいるか。

↓

❹発問　自分たちで、新しい跳び方を考える。

評価の観点　歌に合った動きを、自分たちで考えることができたか。

↓

❺学習カードで評価する

□成果の確認をする。

□課題の把握をする。

2 NG事例

（1）動きの説明を長くしない。

（2）上手くできなくてもよい。失敗も楽しい。叱らない。

（3）ミスする子を責めない。みんなで楽しく行うことができればよし。

その際、「さ」のところで手拍子をしたり、膝をタッチしたりするなど、変化のある繰り返しで歌う練習をしてからまりつきに取り組む。

3 場づくり

準備物／なし

（1）「習得の段階」……1人で基本的な動きを習得する。

▲ケンパ

▲左右前後両足跳び

▲ポーズ

教師の周りに子供たちを集め、動きを教える。

（2）「活用の段階」……ペアやグループ・全員で応用した動きを行う。

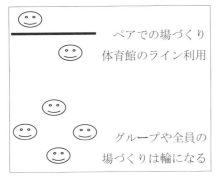

▲ペアでの動き

▲グループでの動き

▲全員での動き

（3）「探求の段階」……新しい跳び方を考える。

▲チョキチョキパー

▲列になって

▲その場ジャンプポーズ

4 ミニコラム

「あんたがたどこさ」は、童歌の中のてまり歌の1つである。息が合わず、うまく跳べなくても笑顔が広がる「体ほぐし運動」にぴったりの運動である。ここで行う両足跳びは、縄跳び運動や陸上運動・器械運動の踏み切りにつながっていく動きである。連続で跳ぶため、運動量もあり、汗びっしょりになる。友達と一緒に、息を合わせ、リズミカルに跳ぶのは楽しい。仲間と共に体を動かすことの心地よさが実感できる運動である。

5 方法・手順

（1）「習得の段階」……1人で基本的な動きを習得する。

先生の真似をして、1人で基本バージョンの「あんたがたどこさ」をする。

①「さ」だけの手打ち。

②ケンパ跳び。

③前後左右の動き（左→右→左→「さ」になったら、前に跳ぶ）。

（2）「活用の段階」……ペアやグループ、全員で応用した動きを行う。

①ペアで「あんたがたどこさ」をする。

最後の「かぶせ」で、好きなポーズ。

体育館のラインを利用して行うとよい。

②グループで行う。

③全員で輪になって行う。

（3）「探求の段階」……新しい跳び方を考える。

①ペアで新しい動きを考える。

②ペアやグループ、クラス全員で、友達が考えた新しい跳び方で跳ぶ。

▲ポーズの工夫

▲みんなで「ちょういとかぶせ」

> みんなで歌いながら跳ぶと、上手くいくね！

6 コツ・留意点

（1）一連の流れは、「あんたがたどこさ」を歌い、声に出すと、リズミカルな動きになる（音声化・焦点化）。

（2）ペアの動きでは、2人の息が合っているかを判定させる（焦点化・共有化）。

7 この技でのチャンピオンは、ここまでできる！

●最後まで止まらずにできたら、「あんどこチャンピオン！」

●ペアで、スピードを上げてできたら、「ウルトラあんどこチャンピオン！」

伝承遊びや集団による運動 「あんたがたどこさ」

年　　組　　番（　　　　　　　　　　　　）

レベル	内容	やり方	振り返り
1 1人ケンパ跳び 技と自己評価のポイント ◎→3回跳べる ○→2回跳べる △→1回跳べる		ケンケン「さ」の時に「パ」	月　　　日 ・ ・ ・ できばえ ◎ ○ △
2 1人左右前後跳び ◎→リズミカルに跳べる ○→止まらずに跳べる △→1回止まる		左・右・左「さ」の時に、前	月　　　日 ・ ・ ・ できばえ ◎ ○ △
3 ペアで左右前後跳び ◎→3回跳べる ○→2回跳べる △→1回跳べる		左・右・左・前で向かい合って跳ぶ	月　　　日 ・ ・ ・ できばえ ◎ ○ △
4 グループで左右跳び ◎→全員合う ○→半分合う △→少し合う		グループで輪になって跳ぶ	月　　　日 ・ ・ ・ できばえ ◎ ○ △
5 全員で左右跳び ◎→3回跳べる ○→2回跳べる △→1回跳べる		全員で輪になって跳ぶ	月　　　日 ・ ・ ・ できばえ ◎ ○ △
6 新しい跳び方に挑戦 ◎→新しい跳び方3つ ○→新しい跳び方2つ △→新しい跳び方1つ		自分達で考えた跳び方で跳ぶ	月　　　日 ・ ・ ・ できばえ ◎ ○ △

● 学習カードの使い方：できばえの評価 ●

レベル1～5の評価：◎よくできた→止まらずにリズミカルに跳ぶことができる／○できた→少し止まるが、歌に合わせて跳ぶことができる／△もう少し→止まりながら、跳ぶことができる
※振り返りには、「自分で気づいた点」と「友達が見て気づいてくれた点」の両方を書きます。

体ほぐしの運動

③伸び伸びとした動作で全身を動かしたり、多様な用具を用いたりした運動

上川 晃

1 展開

（1）学習のねらい

①短縄を使い、エアー跳びを取り入れることで、基礎感覚や運動技能を向上させることができる。

②仲間と協力して、技に挑戦する楽しさや相手を思いやる態度を身につけることができる。

（2）学習のねらいを体現する発問・指示

主体的な学びの発問・指示→上手に跳ぶには、どんな跳び方がよいですか。

対話的な学びの発問・指示→友達でよい跳び方をしているのは、どんなところですか。

深い学びの発問・指示→上手に跳んでいる友達は、どんな工夫をしていますか。

指示1　太鼓に合わせて、いろいろな跳び方をします。20回跳んだら座ります。

（例）〈前回し跳び〉前跳び、2ステップ跳び、かけ足跳び、交差跳び、あや跳び、二重跳び等

〈後ろ回し跳び〉後ろ跳び、後ろ2ステップ跳び、後ろかけ足跳び、後ろ交差跳び、後ろあや跳び、後ろ二重跳び等

指示2　2人組を作りなさい。

説明1　トラベラーという跳び方に挑戦します。短なわは、2人で1本です。

説明2　跳び方を見せます。回し手が、跳びながら移動していきます。行って、戻ってこられたら合格です。やってごらんなさい。

発問1　上手に跳ぶには、どんな跳び方がよいですか。

説明3　2ステップで跳びます。2ステップだと、互いの動きが合わせやすくなります。

指示3　縄を持たずに、エアー跳びで練習します。3往復したら、縄を使って跳びます。

指示4　3人組か4人組をつくります。

指示5　縄を持たずに、エアー跳びで練習します。3往復したら、縄を使って跳びます。

発問2　友達でよい跳び方をしているのは、どんなところですか。

説明4　ターナーと同じリズムで跳び続けるといいのです。エアー跳び3往復。できたら、縄を使って跳びます。

❶指示　太鼓に合わせて、いろいろな跳び方をします。20回跳べたら、座りましょう。

↓

❷発問　上手に跳ぶにはどんな跳び方がよいですか。

評価の観点　2ステップで跳ぶと、合わせやすいことが分かる。

↓

❸発問　友達でよい跳び方をしているのは、どんなところですか。

評価の観点　ターナーに合わせて、同じリズムで跳び続ける。

×は❸へ

↓

❹発問　上手に跳んでいる友達は、どんな工夫をしていますか。

評価の観点　間を空ける。声を出してタイミングを合わせる。

↓

❺学習カードで評価する

□成果の確認をする。

□課題の把握をする。

指示6　レベルを上げます。ターナーは、後ろを移動します。見本です。

指示7　エアー跳びで3往復。そして、縄を使うよ。

発問3　上手に跳んでいる友達は、どんな工夫をしていますか。

説明5　間隔を空けます。声を出して、タイミングを合わせます。

指示8　エアー跳びで、3往復練習。できたら、縄を使って跳びます。

2 NG事例

（1）エアー跳びをさせずに取り組ませると、できないグループが出る。意欲が下がる。

（2）2ステップ跳び、間隔の取り方、リズムの合わせ方などを指導しないと失敗する。

3 場づくり

準備物／短縄（1人1本）

（1）「習得の段階」……1人で基本的な跳び方を習得する。

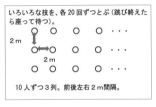

（2）「活用の段階」……2人・3人・4人で、前跳びのトラベラーを行う（エアー跳び⇔縄を持って）。

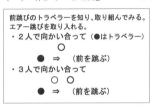

（3）「探求の段階」……発展したトラベラーの動きを行う（エアー跳び⇔縄を持って）。

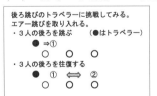

4 ミニコラム

　とび縄運動（縄とび運動）においては、エアー跳び（＝縄を持たずに跳ぶ）が有効である。

　それは、次のような利点があるからである。①エアーをする分、跳ぶ回数が多くなる。②とび縄の技に必要な基礎感覚や運動技能が身につく。③縄に引っかかることがないから、安心して行うことできる。④成功体験で、型が身につく。

　実は、今までにも、二重跳びやあや跳びなどで、エアー跳び（とは名付けられてはいないけれど）での実践はある。

　私は、陸上運動や水泳運動などでも、「エアーでの動き」を取り入れてきた。どの競技においても、型（フォーム）を身につけるためには、大変有効な指導法であった。ぜひ、取り組んでいただきたい。

1

体つくりの運動遊び／体つくり運動

2

走・跳の運動遊び／陸上運動

5 方法・手順

（1）準備運動として、いろいろな跳び方をする。それぞれ20回跳ぶ。

　①前回し跳び……前跳び、かけ足跳び、交差跳び、あや跳び、二重跳び、はやぶさ。

　②後ろ回し跳び……後ろ跳び、後ろかけ足跳び、後ろ交差跳び、後ろあや跳び、後ろ二重跳び、後ろはやぶさ。

　③トラベラーへの布石……2ステップ跳び、横跳び。

（2）エアー跳びを取り入れて、あや跳びをマスターする。

　①右手だけで、8の字。左手だけで、8の字。

　　（8の字は、横に描く）⇒∞

　②両手で8の字。

　③床に向けて8の字。

　④足も入れてジャンプしながら、8の字。

　⑤短縄を持って、あや跳びの練習。

（3）（2）と同様に、スモールステップでエアー跳びを入れながら、以下の2つを習得する。

　①二重跳び。②はやぶさ（二重あや跳び）。

（4）2人組になり、チェーン跳びをする。

（5）3人組になり、2 in 1 の跳び縄運動をする。

（6）トラベラーという跳び方を知り、どのような跳び方がいいか考える。

（7）2人組、3人組、4人組。前を移動して跳ぶトラベラーの跳び方を、エアー跳びを通して習得する。

（8）2人組、3人組、4人組。後ろを移動して跳ぶトラベラーの跳び方を、エアー跳びを通して習得する。

（9）新たな形の集団でのトラベラーについて、みんなで考え生み出していく。

（10）学習カードに記録を書き、自分やチームの反省を書く。

（11）縄とびや用具の後片付けをする。

6 コツ・留意点

（1）縄とびの難しい技も、エアー跳びで練習すればコツが見つかる。

（2）2人組のトラベラーでは、シンクロさせること、動きを合わせることが必要である。3人組・4人組に生かせるよう、コツを見つける。

（3）後ろを移動するトラベラーや多人数の集団でのトラベラーについて、どのようにしたら動きを合わせられるか考え、練習することを通して、コツを見つける。

| エアー跳び |   | 後ろ
トラベラー |

7 この技でのチャンピオンは、ここまでできる！　※トラベラーは後ろを移動する

2ステップで跳ぶ　　4人のリズムを合わせる　　かけ声を合わせるとよい

〈4人での　後ろトラベラー〉　行ったり来たりができる。

伸び伸びとした動作で全身を動かしたり、多様な用具を用いたりした運動「前トラベラー」&「後ろトラベラー」

年　　　組　　　番（　　　　　　　　　　　　　）

レベル	内容	やり方	振り返り
1	**1人で跳ぶ** **技**と自己評価のポイント 2ステップの跳び方、横跳びの跳び方。 ◎→10回以上できる／○→5回できる／△→1回できる	20回跳んだら、座る	月　　　日 ・ ・ ・ できばえ ◎ ○ △
2	**前トラベラー①** 1本の縄で、2人が跳ぶ。 ◎→2往復できる／○→1往復できる／△→片道ができる	▶エアー跳び　◀縄を持って 向かい合って跳ぶ トラベラーは前を移動する	月　　　日 ・ ・ ・ できばえ ◎ ○ △
3	**前トラベラー②** 1本の縄で、3・4人が跳ぶ。 ◎→4人で2往復できる／○→3人で1往復できる／△→2人で片道ができる	◀横からの画像 2ステップで、向かい合って跳ぶ トラベラーは前を移動する	月　　　日 ・ ・ ・ できばえ ◎ ○ △
4	**後ろトラベラー①** 後ろトラベラーで、2人が跳ぶ。 ◎→2往復できる／○→1往復できる／△→片道ができる	トラベラーは、後ろを移動する 縄を大きく回す	月　　　日 ・ ・ ・ できばえ ◎ ○ △
5	**後ろトラベラー②** 後ろトラベラーで3人が跳ぶ。 ◎→2往復できる／○→1往復できる／△→片道ができる	◀横からの画像 トラベラーは、後ろを移動する 2ステップで、リズムを合わせる	月　　　日 ・ ・ ・ できばえ ◎ ○ △
6	**後ろトラベラー③** 後ろトラベラーで4人が跳ぶ。 ◎→2往復できる／○→1往復できる／△→片道ができる	◀ななめ横からの画像 トラベラーは、後ろを移動する かけ声を合わせて、跳ぶ	月　　　日 ・ ・ ・ できばえ ◎ ○ △

● 学習カードの使い方：できばえの評価 ●

レベル2〜6の評価：◎よくできた→動きが合い、連続で2往復跳べる／○できた→1往復だけ、最後まで跳べる／△もう少し→途中で止まってしまうが、なんとか片道が跳べる

※振り返りには、「自分で気づいた点」と「友達が見て気づいてくれた点」の両方を書きます。

(ア) 体の柔らかさを高めるための運動

① 徒手での運動

大松幹生

1　展開

(1) 学習のねらい

①自分の体力に応じて、体の各部位の可動域を広げ、柔らかさを高める計画を立てる。

②各部位の柔らかさを高め、技の習得や、上手に動きやすい体をつくろうとする。

(2) 学習のねらいを体現する発問・指示

主体的な学びの発問・指示→伸ばす筋肉の部分はどこですか。

対話的な学びの発問・指示→友達の動きで、よいのはどこですか。

深い学びの発問・指示→体を柔らかくするストレッチには、どんな動きがありますか。

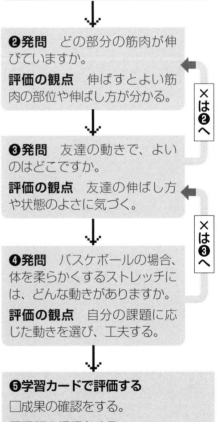

説明1　全身を柔らかくしていきます。

発問1　どの部分の筋肉が伸びていますか。

【1人で行うストレッチ】※ 学習カード参照

①飛行機で旅行へ→②空に浮かぶ月→反対の月→③島に到着後に見えた海を渡る水牛→④散歩している犬→⑤海に浮かぶラッコ→⑥ラッコが食べるホタテ

【ペアで行うストレッチ】※ 学習カード参照

⑦浜辺に生えるヤシの木→⑧浜辺の波音→⑨飛行機で帰る（2人）

指示1　グループごとに、学習カードの動きをやって行きましょう。

指示2　○○グループさん、○番の動きをやりましょう。

発問2　友達の動きで、よいのはどこですか。

説明2　体を柔らかくすると、技を身につけたり、怪我を予防したりする効果があります。

発問3　バスケットボールの場合、体を柔らかくするストレッチには、どんな動きがありますか。

指示3　学習カードに、記録と振り返りを書きます。

2　NG事例

(1) ストレッチを30秒以上させる。やりすぎると、筋力のパフォーマンスが下がってしまう。

(2) 痛がっているのに筋肉を伸ばさせる。特にペアストレッチは、力加減の調整ができない子供に配慮する。

3 場づくり

　準備物／6人につきマットを4枚、CDデッキ、BGM

（おすすめBGM：Kira Willey ／Dance for the Sun：Yoga Songs for Kids）

（1）「習得の段階」……教師の模倣により、基本的な1人・ペアストレッチの動きを習得する。

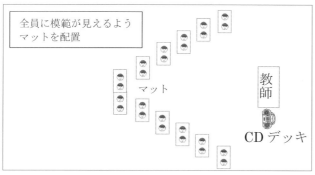

（2）「活用の段階」……グループを2つに分け、お互いに見合うことで友達のよい動きに気づく。

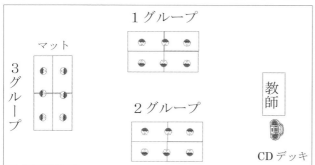

（3）「探求の段階」……運動の種目別に、どの部位を、どのストレッチで伸ばせばよいか考える。

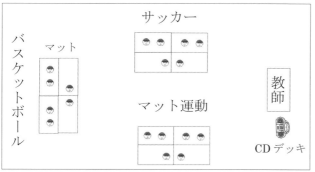

4 ミニコラム

　ストレッチは、同じ姿勢を「キープして」筋肉を伸ばす運動である。本稿では体の可動域を広げるタイプのストレッチを扱っている。中学校の指導要領では、「10秒間維持する」という明確な基準が示されている。このため、筋肉は「10秒間くらいを目標に伸ばしましょう」と、一定の目標を示すとよい。

　ただし、ストレッチは「30秒を超えて行う」と、筋力のパフォーマンスが下がるというエビデンスが報告されているため、やりすぎないように声かけをしていくことは大切である。

5 方法・手順

（1）「習得の段階」……基本的な１人・ペアストレッチの動きを習得する。

①先生の模倣：BGMに乗せ、リズムよく先生の真似をする。

②１人飛行機：列ごとに真似をして、「息を吐く」と「６秒以上の保持」を体感する。

③ラッコ　　　：両肩が床に着かない場合は、「手の平」「肘」が着ければよいことを知る。

④２人飛行機：ゆっくりペアを背中に乗せていき、心地よいところで保持する。

⑤どこの筋肉が伸びているか、学習カードのイラストに印を付ける。

特に配慮が必要なストレッチ

【波】 体格差が大きい場合は、小さい方が大きい方の膝のあたりに足裏をつける。　【ヤシの木】 ひねる時に息を吐いて手を合わせる。

（2）「活用の段階」……グループで友達のよい動きを見つける、よりよい伸ばし方に気づく。

⑥ペアをつくり、何秒伸ばせるか数え合う。

⑦グループの中で先行と後行とに分かれ、よい動きやよりよい伸ばし方を見つけ合う。

（3）「探求の段階」……運動の種目別に、どの部位をどのストレッチで伸ばせばよいか考える。

⑧種目ごとのグループをつくり、伸ばしたい筋肉の部位を考える。

⑨習得したストレッチを選んだり、家庭で調べたりして、組み合わせを考える。

⑩練習したストレッチを、全体で発表したり、見合ったりする。

【バスケット】 ボールを投げる際の背筋や腕の柔軟性が高まる。　【サッカー】 ボールを蹴る際の股関節と大腿筋の柔軟性が高まる。　【マット】 腕や体を支持する際のふくらはぎや、股関節の柔軟性が高まる。

6 コツ・留意点

　どの子も体が柔らかくなることに気づけるように、「息をゆっくり吐いて、心で10数えてごらん」と、筋肉の緊張をほぐすように声をかけるとよい。

7 この技でのチャンピオンは、ここまでできる！

個人差にもよるが、３か月〜６か月間続けると、どのポーズもできるようになる。

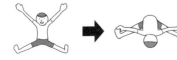

【貝のポーズ】 額を床に着け、30秒間キープする。　【２人飛行機】 乗っている人の背中が、240°以上反る。　【波の音】 開脚する足が120°以上開いてできる。

徒手での運動

年　　　組　　　番（　　　　　　　　　　　）

レベル	内容	やり方	振り返り
1	**1人飛行機・月・イヌ・貝** **技**と**自己評価**の**ポイント** （目標タイム：6〜15秒間） ◎→16〜30秒間 ○→7〜15秒間 △→3〜6秒間	① ② ③ ④ ①上半身を広げ腰の高さまで下げる ②両手を頭上で合わせて曲げる ③両足を開き、両手を床に着く ④貝のように手足を開き前屈する	月　　　日 ・ ・ ・ できばえ ◎ ○ △
2	**ラッコ・牛の顔** 太ももの筋肉を伸ばす。 ◎→16〜30秒間／○→7〜15秒間／△→補助付きで3〜6秒間	① ② ①難しい場合、肘を着く（6秒で○） ②難しい場合、足を組まず手先のみ	月　　　日 ・ ・ ・ できばえ ◎ ○ △
3	**2人飛行機** 背中の筋肉を伸ばす。◎→8秒×4回以上繰り返す／○→7〜15秒間をお互い1回ずつ／△→膝を着いてもらい3〜6秒間	怖い場合両膝を着いてもらう	月　　　日 ・ ・ ・ できばえ ◎ ○ △
4	**ヤシの木** 腰の筋肉を伸ばす。◎→8秒×4回以上繰り返す／○→7〜15秒間をお互い1回ずつ／△→片手合わせで3〜6秒間	上半身をひねり、両手を合わせる	月　　　日 ・ ・ ・ できばえ ◎ ○ △
5	**波の音** ペアで股関節を伸ばす。◎→8秒×4回以上繰り返す／○→7〜15秒間をお互い1回ずつ／△→膝が曲がる・頸が膝より手前	膝を伸ばし相手に引いてもらう	月　　　日 ・ ・ ・ できばえ ◎ ○ △
6	**みんなでホタテ・波の音** グループで、交互に股関節を伸ばす。◎→リズムが合い7秒以上／○→曲のリズムに合わせる／△→交代でできる	① ② ①順番を決め、交互に伸ばす ②タイミングと方向をそろえる	月　　　日 ・ ・ ・ できばえ ◎ ○ △

学習カードの使い方：できばえの評価

レベルの評価：◎よくできた／○できた／△もう少し
※振り返りには、「自分で気づいた点」と「友達が見て気づいてくれた点」の両方を書きます。

（ア）体の柔らかさを高めるための運動

② 用具などを使った運動

伊藤篤志

1 展開

（1）学習のねらい

　①体の各部位の可動範囲を広げる体の動きを高める。

　②運動の行い方について友達の気づきや考え、取り組みのよさを認める。

（2）学習のねらいを体現する発問・指示

　主体的な学びの発問・指示→2人の踵の間を広くするには、どうしたらよいですか。

　対話的な学びの発問・指示→よい動きをしている友達は、どこがよいですか。

　深い学びの発問・指示→体を伸ばすコツは何ですか。

指示1　背中合わせに立ちます。ボールを持ったまま、ゆっくりと脚の間を通して渡します。3往復です。用意、スタート。

発問1　2人の踵の間を広くするには、どうしたらよいですか（発表する）。

指示2　板目の数を増やしても、ボールを落とさずにできるかやってみましょう。

指示3　よい動きをしている友達はどこがよいか、見合いましょう。

発問2　体を伸ばすコツは何ですか（発表する）。

指示4　伸びる所を意識して、もう一度やってみましょう。

【ボール渡し（後屈）】

指示5　今度は、頭の上を通してゆっくりとボールを渡します。

※以下、上記前屈時と同様に展開する。

【ボール渡し（ひねる）】

指示6　今度は、体を左にひねってゆっくりとボールを渡します（左右交互に行う）。

※以下、上記前屈時と同様に展開する。

2 NG事例

（1）　急激に可動範囲を広げる。

（2）　可動範囲を広げようと、強い負荷をかける。

❶**場づくり**　2人組で床の板目に平行して立つ。

↓

❷**発問**　2人の間を広くするにはどうしたらよいか。

評価の観点　体の柔らかさを高めることを意識しているか。

↓

❸**指示**　よい動きをしている友達はどこがよいか見合う。

評価の観点　工夫点を例示したり言葉で伝えたりしているか。

↓

×は❸へ

❹**発問**　体を伸ばすコツは何か。

評価の観点　呼吸、伸びている部分を意識しているか。

↓

❺**学習カードで評価する**

□成果の確認をする。

□課題の把握をする。

3 場づくり

　準備物／ドッジボール（写真は４号を使用）、バスケットボール、
バレーボール、バランスボール、等

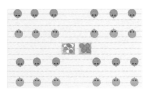

（1）床の板目と並行に立つ。板目を数えることで、柔らかさやその伸びを数値化できる。

（2）「習得の段階」……『ボール転がし』１人で基本的な動きを習得する。

①長座の姿勢で上体を曲げ、体の周り
でボールを転がす。

②開脚した状態で行う。

（3）「活用の段階」……『ボール渡し』２人で応用した動きを行う。

①前屈　　　　　　　　　　②後屈　　　　　　　　　　③ひねる

（4）「探求の段階」……運動を工夫する。

①頭上を通してボールを渡し、脚の間
から受け取る。

②ボールの大きさや重さを変えると、
負荷や難易度が変わる。

4 ミニコラム

　体の柔らかさを高めるには、反復が必要である。ボールを使ったり２人組で行ったりして、変
化をつけながら繰り返すと、楽しく運動に取り組むことができる。

　また、可動範囲を広げるために、①「振る」「回す」「ねじる」などの運動をだんだん大きくす
る方法と、②広げたり曲げたりした姿勢を維持する方法があることを理解させたい。

5　方法・手順

「ゆっくり→速く」「小さく→大きく」「弱く→強く」「やさしく→難しく」など、各自の体力に応じてできるだけ小さなステップを踏みながら、段階的・継続的に学習を進める。

（1）帯時間（例：授業最初の5分間）を設定し、年間を通じて計画的・継続的に取り組む。

（2）動的ストレッチング（「振る」「回す」「ねじる」などの運動をだんだん大きくする方法）で、先に体を温めてから行う。

①ラジオ体操、またはラジオ体操の一部。

②歩行、走動作、スキップ動作。

③短縄を短く折り曲げて両手で持ち、足の下・背中・頭上・腹部を通過させる。

（3）2人組で行う前に、1人で、自分の体力に応じた強度で行う。

①息を吐きながら体を伸ばす。

②静かな音楽に合わせて、ゆっくり行う（あるいは、リズミカルな音楽に合わせて行う）。

6　コツ・留意点

（1）①関節の可動範囲を広げる、②筋肉を柔軟にする、という2つの柔軟性からアプローチする。

（2）体の柔らかさの目安（板目の数）だけでなく、「以前より楽にできた」などの体感も大切にする。

（3）関節と筋肉を大きく動かす遊び（例：ジャングルジム、ゴム跳び、棒・輪くぐり）を日常的に楽しめるよう、日課表や生活の決まりを見直し、外遊びの時間を保障する。

①腰や股関節の可動範囲を広げる。

②ハムストリングを伸ばす。

7　この技でのチャンピオンは、ここまでできる！

【挑戦する視点】姿勢、ボールの大きさや動かし方、時間、回数などを変化させる。

〈例〉脚を開いて立ち、ボールを脚の間と外を8の字を描くように転がす。

用具などを使った運動

年　　組　　番（　　　　　　　　　　　）

レベル	内容	やり方	振り返り
1 ボール転がし（1人）	**技**と**自己評価**のポイント ボールを体の外で転がす。 ◎→長座でなめらかにできる ○→長座でできる △→膝が曲がっている	できるだけ、両手でボールに触れる	月　　　日 ・ ・ ・ できばえ ◎ ○ △
2 ボール渡し（前屈）	2人で背中合わせに立ち、脚の間から渡す。（20秒間で） ◎→連続5回 ○→連続3回 △→1回	板目に平行して立つ	月　　　日 ・ ・ ・ できばえ ◎ ○ △
3 ボール渡し（後屈）	2人で背中合わせに立ち、頭の上を通して渡す。 ◎→両手で腕を伸ばしてできる ○→両手でできる △→片手が離れる	ゆっくりとボールを渡す	月　　　日 ・ ・ ・ できばえ ◎ ○ △
4 ボール渡し（ひねる）	2人で背中合わせに立ち、体の横から渡す。（20秒間で） ◎→連続5回 ○→連続3回 △→1回	伸びている部分を意識する	月　　　日 ・ ・ ・ できばえ ◎ ○ △
5 ボール渡し（応用）	2人で背中合わせに立ち、頭上を通してボールを渡し、脚の間から受け取る。 ◎→ボールを落とさないで5回 ○→ボールを落とさないで3回 △→ボールを落とさないで1回	息を吐きながら渡す	月　　　日 ・ ・ ・ できばえ ◎ ○ △

●学習カードの使い方：できばえの評価●

レベルの評価： ◎よくできた／○できた／△もう少し
※振り返りには、「自分で気づいた点」と「友達が見て気づいてくれた点」の両方を書きます。

（イ）巧みな動きを高めるための運動

① 人や物の動き、場の状況に対応した運動

橋本 諒

1 展開

（1）学習のねらい

　①巧みな動きを工夫して行い、体つくりができる。

　②仲間と協力して、楽しく活動ができる態度を身につける。

（2）学習のねらいを体現する発問・指示

　主体的な学びの発問・指示→グーチョキパーの他に、どんな跳び方がありますか。

　対話的な学びの発問・指示→リズムよく跳ぶためにはどうしたらよいですか。

　深い学びの発問・指示→どのグループが面白かったですか。

指示1　太鼓に合わせて、前向き走、後ろ向き走、スキップ、ギャロップをします。

指示2　ラインを踏まないように、太鼓のリズムに合わせて、両足で「右左右左」と跳びます。

指示3　「右右左左」と跳びます。

指示4　「グーパーグーパー」と跳びます。

発問1　グーチョキパーの他にどんな跳び方がありますか。

説明1　「グーチョキパー」「ケンケンパ」などの跳び方があります。

指示5　友達が考えた動きで跳びます。

指示6　2人同時に出発し、「右左右左」と跳びます。

発問2　リズムよく跳ぶためにはどうしたらよいですか。

指示7　「1212」「右左右左」と声を出す方法があります。

指示8　自分たちで考えたコツを使って跳びます。

指示9　4人でグループになり、一緒に跳びます。

発問3　どのグループが面白かったですか。

指示10　グループで新しい動きを考えます。

指示11　他のグループが考えた動きで跳びます。

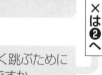

❶指示　太鼓に合わせて、前向き走、後ろ向き走、スキップ、ギャロップをします。

↓

❷発問　グーチョキパーの他に、どんな跳び方がありますか。

評価の観点　様々な跳び方を考えている。

↓

❸発問　リズムよく跳ぶためにはどうしたらよいですか。

評価の観点　リズムよく跳ぶための工夫ができる。

↓

❹発問　どのグループの動きが面白かったですか。

評価の観点　他のグループの跳び方の違いに気がつくことができる。

×は❷へ

×は❸へ

2 NG事例

（1）間違えている子を指摘せず、できている子を褒める。苦手な子は得意な子の後ろにする。

（2）2人組の脚を開閉して跳ぶ運動は、初めは失敗しても踏まないくらい離れて行う。

（3）同じ動きをできるまでやり続けない。次々に動きを変えて徐々に身につけさせていく。

3 場づくり

準備物／ライン（4人に1本）、リズム太鼓、音楽

（1）「習得の段階」……『ラインジャンプ』1人でリズムに合わせた動きを習得する。

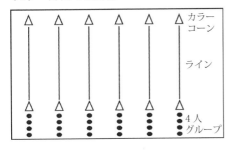

（2）「活用の段階」……『ペアジャンプ』2人でリズムに合わせた動きを習得する。

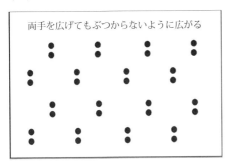

（3）「探求の段階」……集団でリズムに合わせた動きを行う。

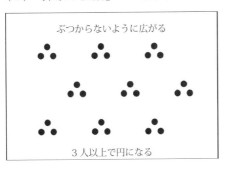

4 ミニコラム

　今回の動きはコーディネーション運動である。運動する際は、脳から自分の体への指令を送ります。指令がスムーズに送られると巧みな運動ができる。これを低・中学年から行っていくことによって、高学年以上の運動につながっていく。

　様々な動きを行ったり、新しい動きを考えたりすることが多くあり、教師は、褒める場面を多くし、明るい雰囲気で行うことが大切である。教師から子供を褒め続けるだけでなく、友達同士で動きを認めたり、真似したりなどの工夫も必要になってくる。

5　方法・手順

（1）その場でリズムに合わせてジャンプをする。
　①右左右左右左右左。
　②グーチョキパーグーチョキパー。
　③前前右、前前左。

（2）前に進みながらリズムに合わせてジャンプする。線を目印にする。
　①右左右左右左右左。
　②右右左左右右左左。
　③グーチョキパーグーチョキパー。

（3）2人組で足を開いたり、閉じたりしながら、
　　相手の動きに合わせてジャンプする。
　①グーパーグーパー。
　②グーグーパーグーグーパー。

（4）4人組になり、リズムに合わせてジャンプする。
　①列になり、（2）の運動を4人でリズムに合わ
　　せて行う。
　②列になり、教師が示した方にリズムよく跳ぶ
　　（トン・トン・「右」・ジャンプ）。
　③円になり、教師が示した方にリズムよく跳ぶ
　　（トン・トン・「右」・ジャンプ）。

6　コツ・留意点

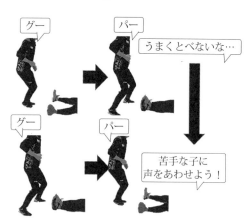

　2人組の足の開閉運動では、
　①踏まれない程度離れると安心して跳ぶ
　　ことができる。
　②リズムを取るのが難しいので苦手な子
　　の動きに合わせた声にする。
　③下の子はリズムよく行い、上の子が合
　　わせる意識でやると良い。

7　この技でのチャンピオンは、ここまでできる！

曲に合わせてグループで動く（ジェンカ）。最後は教師の指示した方に動く。

人や物の動き、場の状況に対応した運動

年　　　組　　　番（　　　　　　　　　　　）

レベル	内容	やり方	振り返り
1 1人ラインジャンプ 技(わざ)と自己評価(じこひょうか)のポイント リズムに合わせて、ジャンプができる。◎→3種類できた／○→2種類できた／△→1種類できた		左！　右！	月　　日 ・ ・ ・ できばえ ◎ ○ △
2 ラインジャンプ曲 曲(あんたがたどこさ)に合わせてジャンプができる。◎→速いリズムでできた／○→ゆっくりのリズムでできた／△→かなりゆっくりのリズムでできた		「さ」の時だけパー	月　　日 ・ ・ ・ できばえ ◎ ○ △
3 足開閉ジャンプ 2人で足を開閉してリズムよくジャンプができる。◎→速いリズムでできた／○→ゆっくりのリズムでできた／△→足を離してできた		グー　パー	月　　日 ・ ・ ・ できばえ ◎ ○ △
4 馬跳び馬くぐり 馬跳び、馬くぐりを連続でする。◎→先生の示すリズムに合わせてできた／○→3回できた／△→馬跳びと馬くぐりできた		馬跳び　馬くぐり	月　　日 ・ ・ ・ できばえ ◎ ○ △
5 シグナル 指示された通りに、リズムよく動ける。◎→指示した方と逆にできた／○→10回間違えずにできた／△→5回できた		トントン　右！ 「トン・トン・上・（ジャンプ）」のリズム	月　　日 ・ ・ ・ できばえ ◎ ○ △
6 縦連結ジャンプ 3人以上で縦列になり、リズムに合わせてジャンプできる。◎→曲に合わせてできた／○→指示した方と逆にできた／△→5回間違えずにできた		「トン・トン・前・（ジャンプ）」のリズム	月　　日 ・ ・ ・ できばえ ◎ ○ △
7 円連結ジャンプ 3人以上で円になり、リズムに合わせてジャンプできる。◎→曲に合わせてできた／○→指示した方と逆にできた／△→5回間違えずにできた		「トン・トン・前・（ジャンプ）」のリズム	月　　日 ・ ・ ・ できばえ ◎ ○ △

● 学習カードの使い方：できばえの評価 ●

レベルの評価：◎よくできた／○できた／△もう少し
※振り返りには、「自分で気づいた点」と「友達が見て気づいてくれた点」の両方を書きます。

（イ）巧みな動きを高めるための運動

②用具などを使った運動

東條正興

1 展開

（1）学習のねらい

　①長縄を用いて、回旋の仕方や跳ぶリズムを変えて、いろいろな跳び方を身につける。

　②友達と協力しながらいろいろな跳び方を成功させることを通して、仲間づくりを図る。

（2）学習のねらいを体現する発問・指示

　主体的な学びの発問・指示→いつ縄に入ったらよいですか。

　対話的な学びの発問・指示→手前と奥のどちらの縄を跳んだらよいですか。

　深い学びの発問・指示→どんな跳び方がありますか。

〔縄の回し方の指導〕

指示1　縄を持っているつもりで手を回します。

　　　　鉛筆削りのように、肘を中心に回しなさい。

発問1　回す時、手首を使った方がよいですか。

　　　　使わない方がよいですか。

説明1　手首を使わずに回します。

指示2　2本の縄で安定できるように練習します。

〔跳び方の指導〕

①遮断機（縄を上下に動かす）

指示1　縄が上がったら、くぐり抜けます。

②大波を跳び越えて通過

指示2　縄が帰ってくる時に跳び越します。

③三角回し（縄を三角形を描くように迎え縄で回す）

※ターナーは、「1・2・3」と声をかける。

指示3　「1」で入って「3」で跳び越しなさい。

④迎え縄跳び

発問1　いつ縄に入ったらよいですか。

指示4　縄が目の前を過ぎたら入ります。

⑤ダブルダッチ

発問2　手前と奥のどちらの縄を跳んだらよいですか。

発問3　連続して跳ぶ時、どんな跳び方がありますか。

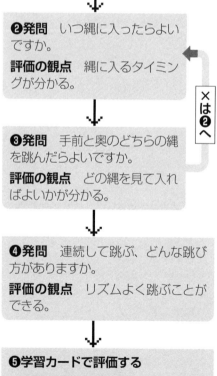

❶**発問**　回すとき、手首を使った方がよいですか。使わない方がよいですか。

↓

❷**発問**　いつ縄に入ったらよいですか。

評価の観点　縄に入るタイミングが分かる。

↓

❸**発問**　手前と奥のどちらの縄を跳んだらよいですか。

評価の観点　どの縄を見て入ればよいかが分かる。

↓

❹**発問**　連続して跳ぶ、どんな跳び方がありますか。

評価の観点　リズムよく跳ぶことができる。

↓

❺**学習カードで評価する**

□成果の確認をする。

□課題の把握をする。

×は❷へ

2 NG事例

（1）いきなり2本の縄を使って跳ばせる。⇒ 1本の縄の跳び越しや迎え跳びから練習する。

（2）縄の回し方を教えないで、回し手をさせる。

3 場づくり

準備物／長縄（２種類（２色）の縄１セットをグループ数分）

（１）「習得の段階」……『迎え縄跳び』長縄１本で基本的な動きを習得する。

【全体で一斉指導】シャドー回旋⇒遮断機⇒三角回し⇒迎え縄

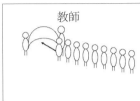

▲シャドー回旋　　▲迎え縄跳び

（２）「活用の段階」……『ダブルダッチ両足跳び』長縄２本で応用した動きを行う。

【グループ練習】縄を回す練習⇒縄の入り方⇒両足連続跳び

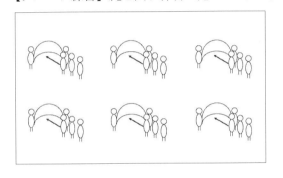

（３）「探求の段階」……『かけ足跳び・回転跳びなど』跳び方を変えて発展した動きに挑戦する。

【グループ練習】抜け方を確認⇒跳び方・人数を工夫

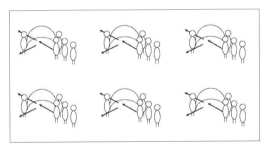

4 ミニコラム

　ダブルダッチは、２本の縄を反対回りに回して、その間を跳ぶアクロバティックな運動である。最初子供たちは、縄に入ることに戸惑うが、手前の１本だけを見て入ればよいことに気づき、１回でも跳ぶことができれば、怖さよりも楽しさを感じるようになる。

　ダブルダッチを通して、リズム能力、変換能力、識別能力などのコーディネーション能力を身に付けることができ、少人数のグループで協力して達成感を得ることができる。

　縄を回す人をターナー、跳ぶ人をジャンパーと呼び、全員にどちらも経験させる。

5 方法・手順

（1）縄の回し方の練習。

　①シャドー回旋（縄を使わないで回す）。

　　●肘を中心に、左右対象の大きな円を描く。

　②実際に回旋する。

　　●2人組で向き合って、1本の縄から回す。

【シャドー回旋】
手は、体の中心線と肩の前を通る。

（2）迎え縄の入り方の練習。

　①縄が目の前を通過して上に上がったら、入る。

　②縄の中心で跳ぶ。

【迎え縄】
●上がったら入る。
●下りたら跳ぶ。

（3）2本の縄で跳ぶ練習。

　①手前の縄だけを見て、その縄だけを両足で跳ぶ。

　②両足で2回跳びをする。

　③連続跳びに挑戦する。

縄を左右で変えると、
跳ぶ縄が分かりやすい。

【2本の縄】
手前の縄だけを
見て入る。

6 コツ・留意点

【ターナー（回し手）】

　①2種類（2色）の縄を使う。

　②回し手は、2人が遠くに離れて回し始め、片方が近づく。

　③回し手は、ジャンパーが抜ける際に、反対側に一歩動く。

【ジャンパー（跳び手）】

　④縄が目の前を過ぎたら入る。

　⑤跳んだ回数が奇数回の時は、反対側に抜ける。偶数回の時は、同じ側に抜ける。

離れた状態から回し始めて
近づくと回しやすい。

7 この技でのチャンピオンは、ここまでできる！

① 回し手の近くから入る。

④ 右からくる縄は右足で跳ぶ。

② 片足でリズムよく跳ぶ。

⑤ 抜ける方向へ重心を移動する。

③ 左からくる縄は左足で跳ぶ。

⑥ 素早く走って抜ける。

用具などを使った運動「ダブルダッチ」

年　　　組　　　番（　　　　　　　　　　　　）

レベル	内容	やり方	振り返り
1 遮断機 **技(わざ)と自己評価(じこひょうか)のポイント** 上がった縄をくぐり抜ける。 ◎→自分で走って抜ける ○→声をかけられて抜ける △→横に抜ける			月　　　日 ・ ・ ・ できばえ ◎ ○ △
2 大波 縄が向こう側へ行く時に入り、帰る縄を跳び越す。 ◎→自分で跳んで抜ける ○→押されて跳んで抜ける △→押されて跳ぶ		跳ぶ	月　　　日 ・ ・ ・ できばえ ◎ ○ △
3 四角回し　三角回し 四角や三角に回した縄を跳び越す（迎え縄）。 ◎→5回跳び越す ○→3回跳び越す △→1回跳び越す		①入る ②跳ぶ	月　　　日 ・ ・ ・ できばえ ◎ ○ △
4 迎え縄跳び 目の前を過ぎたら入る。 ◎→5回跳んでから抜ける ○→3回跳んでから抜ける △→1回跳んでから抜ける			月　　　日 ・ ・ ・ できばえ ◎ ○ △
5 ダブルダッチ 2本の縄を跳ぶ。 ◎→工夫して5回以上跳び、縄を抜ける ○→両足で5回以上跳ぶ △→両足で2回跳ぶ			月　　　日 ・ ・ ・ できばえ ◎ ○ △

━━━━● 学習カードの使い方：できばえの評価 ●━━━━

レベの評価：◎よくできた／○できた→必ずできるようにしたい目標を示しています

　　　　　　／△もう少し→練習を重ねて○を目指しましょう

※振り返りには、「自分で気づいた点」と「友達が見て気づいてくれた点」の両方を書きます。

（ウ）力強い動きを高めるための運動

① 人や物の重さなどを用いた運動

木田健太

1 展開

（1）学習のねらい

　①片足立ちや片足相撲を通して、体の動きを高める運動ができる。

　②仲間と協力して、楽しく活動できる態度を身につける。

（2）学習のねらいを体現する発問・指示

　主体的な学びの発問・指示→片足立ちでどうしたら10秒立てますか。

　対話的な学びの発問・指示→片足相撲で相手に勝つには、どうしたらよいですか。

　深い学びの発問・指示　→集団での片足相撲で勝つには、どうしたらよいですか。

指示1　太鼓に合わせてケンパ跳びをします。

説明1　10秒間片足立ちをします。10秒間足が着かなかったら合格です。①「T字」ポーズ　②「Y字」ポーズ　③「命」ポーズ

発問1　どうしたら、ふらふらせずに立てますか。

説明2　①手を広げてバランスよく立つ。

　　②腹に力を入れる、とよいです。

指示2　2人組をつくりなさい。2人で片足相撲をします。両手で押し合い、片方の足が地面に着いた方が負けです。

発問2　片足相撲で相手に勝つにはどうしたらよいですか。

説明3　①相手（の手）を思いっきり押す

　　②相手の攻撃をかわす

　　③攻撃するタイミングをずらす、とよいです。

指示3　体の様々な部分を使って片足相撲をします。ケンケンして動いてもよいです。①尻（腰）　②腹

指示4　4人1組をつくりなさい。今度は4人で片足相撲をします。相手にぶつけてよいのは手、腰、腹、尻だけです。ケンケンで動いてもよいです。最後まで残った人が勝ちです。

発問3　集団での片足相撲に勝つには、どうしたらよいですか。

❶説明　10秒間片足立ちをします。その間に足が着かなかったら合格です。

↓

❷発問　どうしたら、ふらふらせずに立てますか。

評価の観点　手を広げてバランスよく立つ。腹に力を入れる。

×は❷へ

↓

❸発問　片足相撲で相手に勝つにはどうしたらよいか。

評価の観点　相手の攻撃をかわす。攻撃するタイミングをずらす。

×は❸へ

↓

❹発問　集団での片足相撲に勝つには、どうしたらよいか。

評価の観点　周りをよく見ている。相手の隙を見て攻撃する。

↓

❺学習カードで評価する

□成果の確認をする。

□課題の把握をする。

説明4　①周りをよく見る　②逃げ回る　③相手のスキを見て攻撃する、とよいです。

指示5　8人で1チームをつくります。団体戦です。チームでメンバーと作戦を考えて、片足相撲をします。

指示6　後片付けをします。グループで協力して行います。

2 NG事例

（1）狭い場所で行うとぶつかったり、転倒したりする。狭い場所では行わない。

（2）力を入れすぎない。転倒したり、打撲のもとになる。

3 場づくり

　準備物／運動場：ラインカー　　　　　（※（1）～（3）の図で、△は教師、○は子供を表す）

（1）「習得の段階」……『片足立ち』1人で基本的な動きを習得する。

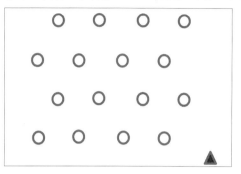  

（2）「活用の段階」……『片足相撲』2人で応用した動きを行う。

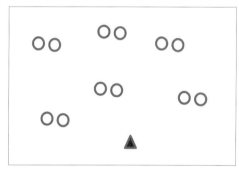  

（3）「探求の段階」……『片足相撲』集団で発展した動きを行う。

ドッジボールくらいの大きさのコートを描く。

メンバーを変えて2回戦行う。1試合、数分。

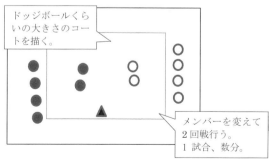 

4 ミニコラム

　片足立ちや片足相撲は、平衡感覚を養うだけでなく、体幹を鍛えることにもつながる。体幹とは、頭と手足を除いた胴体の部分を指す。体幹をしっかりと鍛えることで、背骨や脊柱が安定し、正しい姿勢が維持できる。近年では一流のスポーツ選手も体幹を鍛えている。小学生の段階では、遊びを通して体幹を鍛えていく必要がある。

5　方法・手順

（1）片足立ちで立ち続けるには、以下の①、②のポイントを押さえさせる。

①両手を広げて
バランをとる。

②腹筋に力を入れる。

▲T字ポーズ

▲Y字ポーズ

▲「命」ポーズ

（2）2人組での片足相撲では、次の①、②のポイントを押さえさせる。

①相手（の
手）を思い
切り押す。

②相手の攻撃を
かわしたり、攻撃
するタイミング
をずらしたりして
相手のバランス
をくずさせる。

（3）集団での片足相撲では、次の①、②のポイントを押さえさせる。

①逃げ回り、相
手につかまらな
いようにする。

②周りを見て、数的有利
になるように援護する。

6　コツ・留意点

　上記のそれぞれのポイントは、①教師が実演したり、手本となる動きを見せたりすること、②模範となる動きをしている子供の姿を見せることで、子供たちから考えを出させたり、運動のポイントに気づかせたい。

7　この技でのチャンピオンは、ここまでできる！

「飛行機」ポーズはさらに柔軟性や平衡感覚が求められるため難易度が上がる。

　また、ペアやグループになって手をつなぎ、どれくらい片足立ちを保っていられるか、互いに競い合うのもよい。

これでバッチリ! レベルアップ学習カード
人や物の重さなどを用いた運動「片足立ち」

年　　組　　番（　　　　　　　　　）

レベル	内容	やり方	振り返り
1 片足立ち 技と自己評価のポイント 10秒間片足立ちをする。 ◎→10秒以上できる ○→5秒以上10秒未満 △→5秒以下		両手でバランスをとる	月　　　日 ・ ・ ・ できばえ ◎　○　△
2 片足相撲（手） 片足立ちで、手で押し合う。 ◎→2回戦で2勝 ○→2回戦で1勝1敗 △→2回戦で2敗		相手を思い切り押す	月　　　日 ・ ・ ・ できばえ ◎　○　△
3 片足相撲（腰・腹・尻） 片足立ちで、腰や腹で押し合う。 ◎→2回戦で2勝 ○→2回戦で1勝1敗 △→2回戦で2敗		相手のバランスを崩す	月　　　日 ・ ・ ・ できばえ ◎　○　△
4 片足相撲（2対2） 2対2で片足相撲をする。 ◎→2人に勝った ○→1人に勝った △→0人 ※ペアの勝敗は評価に含みません。		周りを見て攻撃する	月　　　日 ・ ・ ・ できばえ ◎　○　△
5 片足相撲（団体戦） チームで、片足相撲をする。 ◎→2人に勝った ○→1人に勝った △→0人 ※チームの勝敗は評価に含みません。		逃げ回る	月　　　日 ・ ・ ・ できばえ ◎　○　△

● 学習カードの使い方：できばえの評価 ●

レベルの評価：◎よくできた／○できた／△もう少し
※振り返りには、「自分で気づいた点」と「友達が見て気づいてくれた点」の両方を書きます。

（エ）動きを持続する能力を高めるための運動

① 時間やコースを決めて行う全身運動

松本一真

1　展開

（1）学習のねらい

①自分に合ったコースを選び、同じペースで走り続けることができる。

②自分の体の状態や体力に応じて、より長いコースに積極的に取り組むことができる。

（2）学習のねらいを体現する発問・指示

主体的な学びの発問・指示→30秒でコーンを回ってくるには、どうしたらよいですか。

対話的な学びの発問・指示→同じペースで10周走れる友達の動きは、どこがよいですか。

深い学びの発問・指示→前の時間よりも遠いコーンを回るには、どうしたらよいですか。

指示1　太鼓に合わせて、前向き走、後ろ向き走、スキップ、ギャロップをします。

指示2　跳び縄を使って折り返し持久走をします。

指示3　ペアで折り返し持久走をします。

説明1　コーンを使って折り返し持久走をします。5分間でどれだけの距離を走れるかに挑戦します。

発問1　30秒でコーンを回ってくるには、どうしたらよいですか。

説明2　30秒よりも早く戻ってしまう時があるかもしれません。その時は30秒になるまで足踏みをして待ち、スタートラインを越えないようにします。

指示4　「用意、スタート」→「10秒」→「15秒」→「20秒」→「25秒・26・27・28・29・30」→「（2周目）スタート」

発問2　同じペースで10周走れる友達の動きは、どこがよいですか。

発問3　（次回授業時）前の時間よりも遠いコーンを回るには、どうしたらよいですか。

❶**基本の運動**　様々な走る運動を行い、基礎感覚を養う。

↓

❷**発問**　30秒でコーンを回ってくるには、どうしたらよいですか。

評価の観点　自分に合ったコースを選ぶことができたか。

↓

❸**発問**　同じペースで10周走れる友達の動きは、どこがよいですか。

評価の観点　無理のないスピードで走ればよいことに気づいたか。

↓

❹**発問**　前の時間よりも遠いコーンを回るには、どうしたらよいですか。

評価の観点　より長いコースに積極的に取り組んだか。

↓

❺**学習カードで評価する**

□成果の確認をする。

□課題の把握をする。

×は❸または❷へ

2　NG事例

（1）遠いコーンを無理に回ろうとしたり、早くスタート地点に戻ってこようとしたりすることをさせない。「同じコースを同じペースで走れるのがよい」ことを繰り返し伝える。

（2）長いコースを走ることが目的ではなく、「前の自分の記録や走り具合よりどうだったか」を意識させることが大切で、周りと比べて評価しないように指導する。

3 場づくり

準備物／カラーコーン、跳び縄、ストップウォッチ、メジャー

（1）「習得の段階」……『1人で折り返し持久走』1人で基本的な動きを習得する。

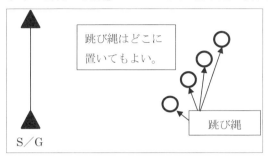

跳び縄はどこに置いてもよい。

跳び縄

S／G

（2）「活用の段階」……『2人で折り返し持久走』2人で応用した動きを行う。

ペア

30秒で戻って来られる場所にペアの子がいる。

S／G

（3）「探求の段階」……『全員で折り返し持久走』集団で発展した動きを行う。

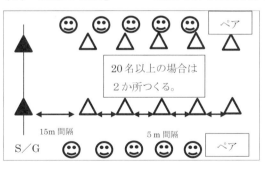

ペア

20名以上の場合は2か所つくる。

15m 間隔　　5m 間隔

S／G　　ペア

4 ミニコラム

　持久走には、①「走る距離を決めて、かかった時間を計測する方法」と②「走る時間を決めて、どれだけの距離を走れたかを計測する方法」の2種類がある。体育の授業では②の方が目標を持ちやすく、自身の成長も実感しやすい。また、終わりの時間が揃うので、空白の時間も生まれない。①は、友達との競争意識が強くなりがちで、自分に合ったペースで走るという意識を持たせにくい。

5 方法・手順

（1）「習得の段階」……『1人で折り返し持久走』1人で基本的な動きを習得する。

　①スタートラインから30秒で走って戻って来られる折り返し地点に縄跳びを置く。

　②3周を2回行う。余裕があれば2回目の時に、縄跳びの場所を遠くする。

（2）「活用の段階」……『2人で折り返し持久走』2人で応用した動きを行う。

　①▲コーンのラインを折り返し地点の基準として、30秒で折り返して戻って来られる場所
　　にペアの子に座ってもらう。教師は30秒ごとに、笛を鳴らす。6周行う。

　②ゴール地点で、ペアの子に片手でタッチをし、後ろに回る。

　③笛が鳴った時に、タッチができていると1点。3分間の場合、最高点は6点。

（3）「探求の段階」……『全員で折り返し持久走』集団で発展した動きを行う。

　①試しの30秒を行い、▲コーンのあるスタートラインから、ちょうど30秒で走って戻って
　　来られる折り返し地点（△コーン）を探させる。

　②教師は▲コーンの近くに立つ。そして、経過時間をカウントしながら走らせる。

　③次時では、1回目よりも1つ遠い色のコーンに1回でも多く挑戦させる。

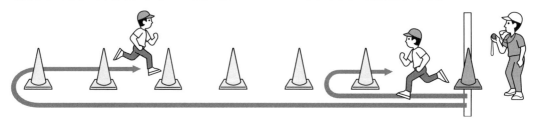

6 コツ・留意点

（1）最初はペースをつかめず、30秒よりも早く▲コーンに戻ってくることが多い。次の周のスタートの合図までスタートラインを越えないように足踏みをさせておく。

7 この技でのチャンピオンは、ここまでできる！

　1つ遠いコーンを回れば、10m距離が延びたことになる。3回目になると、10回とも遠くのコーンを回り100m延ばす子が出た。また、一番遠い50mのコーンを回る子もいた。

時間やコースを決めて行う全身運動「折り返し持久走」

年　　　組　　　番（　　　　　　　　　　　）

レベル	内容	やり方	振り返り
1　1人折り返し持久走	**技**と自己評価のポイント 30秒で跳び縄を回って戻る。 ◎→3回できた／○→2回できた ／△→1回できた	30秒で跳び縄を回って戻る	月　　　日 ・ ・ ・ できばえ ◎ ○ △
2　2人折り返し持久走	30秒でペアの子にタッチできる ように戻る。 ◎→6点／○→4〜5点／△→1 〜3点	30秒でペアの子にタッチできるように戻る	月　　　日 ・ ・ ・ できばえ ◎ ○ △
3　折り返し持久走①	30秒で自分の決めた色のコーン を回って戻る。 ◎→10回できた／○→8回でき た／△→6回できた	同じ速さで同じコースを走る	月　　　日 ・ ・ ・ できばえ ◎ ○ △
4　折り返し持久走②	1日目よりも1つ遠い色のコーン を回って戻る。 ◎→3回以上できた／○→2回で きた／△→1回できた	1つ遠い色のコーンを回って戻る	月　　　日 ・ ・ ・ できばえ ◎ ○ △
5　折り返し持久走③	1日目よりも2つ遠い色のコーン を回って戻る。 ◎→3回以上できる／○→2回で きる／△→1回できる	2つ遠い色のコーンを回って戻る	月　　　日 ・ ・ ・ できばえ ◎ ○ △
6　折り返し持久走④	1日目よりも3つ遠い色のコーン を回って戻る。 ◎→3回以上できる／○→2回で きる／△→1回できる	3つ遠い色のコーンを回って戻る	月　　　日 ・ ・ ・ できばえ ◎ ○ △

●――◆ 学習カードの使い方：できばえの評価 ◆――●

レベルの評価： ◎よくできた／○できた／△もう少し

※振り返りには、「自分で気づいた点」と「友達が見て気づいてくれた点」の両方を書きます。

121

走・跳の運動遊び／
陸上運動

§走・跳の運動遊び

低学年 ●

1 走の運動遊び
2 跳の運動遊び

中学年 ●

1 かけっこ・リレー
2 小型ハードル走
3 幅跳び
4 高跳び

§陸上運動

高学年 ●

1 短距離・リレー
2 ハードル走
3 走り幅跳び
4 走り高跳び

走の運動遊び
①**かけっこ**

工藤俊輔

1 　展開

（1）学習のねらい

①いろいろな形状の線上等をまっすぐに走ったり、蛇行して走ったりすることができる。

②順番やきまりを守り、誰とでも仲よく運動しようとしている。

（2）学習のねらいを体現する発問・指示

主体的な学びの発問・指示→かけっこを楽しむために大切なことは何ですか。

対話的な学びの発問・指示→みんなが楽しむためにどんなコースにしますか。

深い学びの発問・指示→どうすれば速く走ることができますか。

指示1　太鼓に合わせて、前向き走、後ろ向き走、ケンケン、スキップをします。

発問1　かけっこを楽しむために大切なことは何ですか。

指示2　線から出ないように歩きます。

指示3　線から出ないように走ります。

指示4　全速力で走ります。

発問2　○○さんの走り方が上手です。どこを見ていますか。

指示5　○○さんのように、前を見て走ります。

発問3　歩く、走る以外にどのように進みますか。

指示6　自分で考えたとおりに進みます。

発問4　自分で考えた進み方を友達に紹介します。

指示7　くねくねしたコースを走ります。

発問5　どうすれば上手に走ることができますか。

説明2　体を少し傾けることで走りやすくなりますね。

説明3　いろいろなコースがあります。

発問6　みんなが楽しむために、どんな走り方がありますか。

指示8　友達に紹介します。

発問7　友達の動きで、どんなところが楽しかったですか。

説明4　友達と並んだり、一斉に走ったりとたくさん工夫することができますね。

指示9　友達と競争します。コースを考えます。

指示10　考えたコースで競争します。

---

❶指示　太鼓に合わせて、前向き走、後ろ向き走、ケンケン、スキップをします。

↓

❷発問　どこを見て走りますか。
評価の観点　コースの線ではなくゴールを見ることができる。

↓

❸発問　どのような走り方で進むことができますか。
評価の観点　スキップ、ケンケンするなどいろいろな走り方を考えることができる。

↓

❹発問　みんなが楽しむために、どんな走り方がありますか。
評価の観点　走ることが苦手な子でも楽しむことができる。

↓

❺学習カードで評価する
□成果の確認をする。
□課題の把握をする。

×は❸へ

2 NG事例

（1）低学年のため、タイムを縮めた実感より、走る楽しさを感じさせる。

（2）障害物は安全にできるものを用意する。倒れたりしないで安定したものにする。

（3）順番や決まりを守るようにする。

3 場づくり

準備物／白線、カラーコーン

（1）「基本の場」……自分が挑戦した場で走る（1人で走る）。

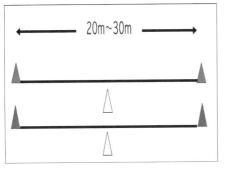

（2）「習熟度別の場」……基本の場を増やして、友達（2〜4人）と一緒に走る。

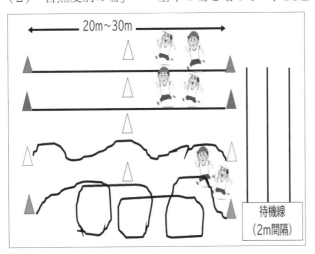

4 ミニコラム

　かけっこの特性は、仲間と競い合う楽しさや、調子よく走ったり、跳んだりする心地よさを味わうことができる運動である。調子よくとは、動きが途切れずに連続して動けることである。また、体を巧みに操作しながら走る、跳ぶなどのいろいろな運動の基礎となる動きを身につけることができる運動である。

　とにかく速く走るための指導をするのではない。子供が運動遊びを通して、自然に走り方を学んでいくことが大切である。

　そのため、教師が考えたコースどおりに走ったあとに、スタートの仕方や走り方を工夫したり、友達と動きを合わせたり、競争したりして走る楽しさを味わわせることが大切である。

5 方法・手順

（１）「基本の場」……１人で走る。

　①太鼓に合わせて、前向き走、後ろ向き走、ケンケン、スキップをする（毎時間）。

　②直線や曲線の上を歩いたり、走ったりする。

▲直線の上を走る

▲曲線の上を走る

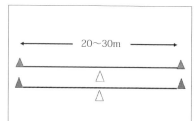
20～30m

（２）「習熟度別の場」……２～４人で走る。

　①グループでコースを考えるたり、走り方を変えたりする。

　②グループで考えたコースを友達に紹介して、走る。

▲ペアで動きを揃えて走る

▲グループでコースを考える

▲友達と合わせたり、競走したり遊び方を考える

6 コツ・留意点

（１）まっすぐ走るために、ゴールを見ながら走るようにする。

（２）教師が遊び方の例示をすることで、子供が考えやすいようにする。

はじめは、少し手前の線を見て、走り出した後に、ゴールを見る。

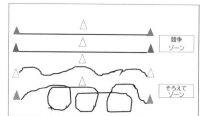
競争ゾーン
そろえてゾーン

7 この技でのチャンピオンは、ここまでできる！

① ②

ほとんどのオリンピック選手も①～③のポイントで走っている。

　運動会や体力テスト前に、徒競走が速くなる方法を教える。

　①（スタート）後ろの踵を上げる。②（中間）手でパーをつくる（腕振りは90度）。③（ゴール）走り抜く。

かけっこ

年　　組　　番（　　　　　　　　　　　）

レベル	内容	やり方	振り返り
1 直線コース **技**(わざ)と**自己評価**(じこひょうか)の**ポイント** 線の上を走ることができる。 ◎→まっすぐ走れる／○→少しまっすぐ走れる／△→曲がって走る		20m〜30m スタートとゴールにコーンを置いて走る	月　　日 ・ ・ ・ できばえ ◎ ○ △
2 いろいろコース ジグザグやぐるぐるコースで走ることができる。 ◎→3つで走れる／○→2つで走れる／△→1つで走れる		白い線にそって走ることができる	月　　日 ・ ・ ・ できばえ ◎ ○ △
3 いろいろコース② いろいろなコースを2人で走る。 ◎→全力で走れる／○→ルールを守れる／△→順番を守れる		20m〜30m 1、2のコースを同時に走る 縦や横でそろえるなどする	月　　日 ・ ・ ・ できばえ ◎ ○ △
4 早く走る方法 前を見る、手を振る、歩幅を広くする。 ◎→3つ考える／○→2つ考える／△→1つ考える		どうすれば早く走ることができるか考える	月　　日 ・ ・ ・ できばえ ◎ ○ △
5 コースを考える 考えたコースで走る。 ◎→走り方を工夫する／○→最後まで走れる／△→順番を守れる		考えたコースをもとに、ペアで競走する	月　　日 ・ ・ ・ できばえ ◎ ○ △
6 友達と競走 考えたコースで、2〜4人で競走する。 ◎→全力で走れる／○→ルールを守れる／△→順番を守れる		2チームで競走する	月　　日 ・ ・ ・ できばえ ◎ ○ △

◆ 学習カードの使い方：できばえの評価 ◆

レベル1・3の評価：◎よくできた→走り方を考える・考えた理由をいうことができる／○できた→走ることができる／△もう少し→考えられない・走ることができない

※振り返りには、「自分で気づいた点」と「友達が見て気づいてくれた点」の両方を書きます。

走の運動遊び

②折り返しリレー

工藤俊輔

1 展開

（1）学習のねらい

①障害物の置き方を工夫して、折り返しリレーができる。

②相手の手の平にタッチしたりバトンの受け渡しをしたりして走れる。

（2）学習のねらいを体現する発問・指示

主体的な学びの発問・指示→どんな渡し方がありますか。

対話的な学びの発問・指示→どんなコースでリレーがしたいですか。

深い学びの発問・指示→他のチームに勝つにはどんな作戦がいいですか。

指示1　太鼓に合わせて、前向き走、後ろ向き走、スキップ、ギャロップをします。

説明1　これから折り返しリレーをします。ルールは次の通りです。①6人1組で走ります。②1人40m走ります。③コーンを1つ折り返したら交代です。

発問1　コーンを2つ足します。好きな場所に置きます。

指示2　チームで、どこに置いたらよいか話し合いなさい。

指示3　自分たちで考えた置き方で、はじめのゲームをします。

指示4　段ボールとケンステップを置きます。

発問2　どんなコースをつくりますか。

指示5　みんなが楽しめるコースをつくります。

発問3　どのコースが楽しかったですか。理由も言います。

発問4　障害物をどこに置いたら速く走れますか。

指示6　チームで相談して決めなさい。

指示7　学習カードに記録を書き、自分やチームの反省を書きます。

指示8　障害物の後片付けをします。グループで協力して行います。

❶**指示**　太鼓に合わせて、前向き走、後ろ向き走、スキップ、ギャロップをします。

↓

❷**発問**　どのコースが一番楽しかったですか。

評価の観点　コースの特徴を言うことができる。

↓

❸**発問**　どんなコースをつくればみんなが楽しくなりますか。

評価の観点　障害物を置き、走る楽しさを実感させる。

↓

❹**発問**　障害物をどこに置いたら速く走れますか。

評価の観点　直線距離を長く走ればいいことに気づく。

↓

❺**学習カードで評価する**

□成果の確認をする。

□課題の把握をする。

×は❸へ

2 NG事例

（1）チームの走力差が大きくならないようにする。50mの平均タイムは均等。

（2）障害物は安全にできるものを選択する。倒れたりしないで安定したものにする。

（3）勝ち負けにこだわらないように、勝った時と負けた時のリアクションを考えさせる。

3 場づくり

準備物／ケンステップ、カラーコーン、段ボール

（1）「基本の場」

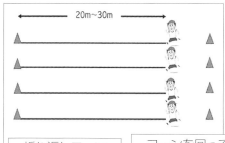

← 20m～30m →

折り返しコーン

コーンを回って
次の人にタッチ

折り返しコーン

コーンを回って
次の人にタッチ

（2）「習熟度別の場」……自分がやってみたい場を選んで遊ぶ。

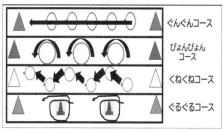

ぐんぐんコース

ぴょんぴょん
コース

くねくねコース

ぐるぐるコース

慣れてきたら
自由に置かせる

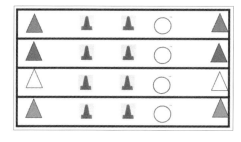

4 ミニコラム

　折り返しリレーの特性は、自分たちでルールを決め、障害物を回旋しながらバトンパスをすることで、チーム同士で勝ち負けを競い合うことにある。低学年の場合、勝ち負けにこだわる子が多いため、「勝った時のリアクション」と「負けた時のリアクション」を考えさせておくとよい。

　また、兄弟チームをつくり、お互いがつくったコースを走らせて、「○○なところが楽しかった」ところを伝え合う活動をいれると、思考力、判断力、表現力等の評価としても活用できる。そのためには、単元前半で、知識及び技能（走り方）を習得する。単元後半で、習得した知識及び技能をもとに、コースつくりをするなど思考場面を設定すると、より楽しいコースができる。

　さらに、チームごとのタイムを競う活動を入れてもよい。そして、1回目と2回目でタイムがより伸びたチームにどんな工夫をしたのか聞くと、順位が遅くても、工夫を広げることができる。

1 体つくりの運動遊び／体つくり運動

2 走・跳の運動遊び／陸上運動

5 方法・手順

(1) 折り返しリレーのルールを次のようにする。

　①4〜6人1組で走る。

　　全4チーム程度だと勝敗の判定がしやすい。

　②1人20〜30m走る (折り返し含む)。

　③障害物をチームで相談して置く。

　④走る順番はグループで決める。

(2) 50m走の記録をもとに、4〜6つのチームをつくる。

　どのチームのタイムも同じになるようにする。

(3) どのコースが一番楽しかったか問う。

(4) どんなコースをつくりたいか問う。

(5) 障害物をどこに置いたら、速く走ることができるか問う。

▲コーン1つで折り返す

▲次の子にタッチする

▲コーン1つ回旋する場

▲いろいろな障害物を置いて遊ぶ

6 コツ・留意点

(1) 障害物に応じた越え方を子供に考えさせる。

(2) リングバトンを使用するが、落とさずに次の走者に渡すことができればよい。

7 この技でのチャンピオンは、ここまでできる！

　中学年のバトンパスをイメージさせる。右手を後ろに出し、前を向いたまま、バトンを受け取ることができる。

折り返しリレー

年　　組　　番（　　　　　　　　）

レベル	内容	やり方	振り返り
1 折り返し①	**技**(わざ)と**自己評価**(じこひょうか)の**ポイント** コーン１つの折り返しリレーができる。 手のひらタッチ走。	20m～30m 手のひらでバトンタッチをする	月　　日 ・ ・ ・ できばえ ◎ ○ △
2 バトン	リングバトン落とさないで受け取る。 ◎→前を向いて受け取る／○→受け取る／△→受け取れない	20m～30m 走る方向を向いてバトンをもらう	月　　日 ・ ・ ・ できばえ ◎ ○ △
3 障害物１つ	折り返し間に１つ置いて折り返しリレーをする。◎→１分以内でできる／○→２分以内でできる／△→３分以内でできる	20m～30m コーンを１つ回って走ることができる	月　　日 ・ ・ ・ できばえ ◎ ○ △
4 障害物２つ	折り返しの間に２つ置いてリレーをする。◎→２分以内でできる／○→３分以内でできる／△→４分以内でできる	20m～30m コーンを２つ回って走ることができる	月　　日 ・ ・ ・ できばえ ◎ ○ △
5 コースをつくる	フラフープ、段ボールなど、遊び方を考えることができる。◎→楽しい理由を根拠にコースをつくる／○→コースをつくる／△→つくれない	グループで相談してコースをつくる	月　　日 ・ ・ ・ できばえ ◎ ○ △
6 紹介する	友達がつくったコースで遊ぶことができる。◎→コースの特徴に触れた楽しさがいえる／○→楽しさをいえる／△→いえない	兄弟チームで競走しよう！ 友達がつくったコースで走り、よさを伝える	月　　日 ・ ・ ・ できばえ ◎ ○ △

● 学習カードの使い方：できばえの評価 ●

レベル１・３の評価：◎よくできた→工夫して走る・コースを工夫する／○できた→走ることができる／△もう少し→走ることができない

※振り返りには、「自分で気づいた点」と「友達が見て気づいてくれた点」の両方を書きます。

131

走の運動遊び
③低い障害物を使ったリレー

本田和明

1 展開

（1）学習のねらい

①障害物を工夫することで、走跳の基本的な動きを身につけることができる。

②場の工夫とゲーム化で、コミュニケーションを図りながら楽しく運動できる。

（2）学習のねらいを体現する発問・指示

主体的な学びの発問・指示→上手に越えたのは誰か。どこがよかったか。

対話的な学びの発問・指示→楽しくなるようにどこへ何を置くか話し合う。

深い学びの発問・指示→障害物を上手に越えるためにどんなことに気を付けるか。

指示1	太鼓に合わせて、歩きます。〔前向き、横向き、後ろ向き、動物（名）〕
指示2	走ります。〔大また、右ケンケン、左ケンケン、両足、スキップ、ギャロップ〕
説明1	障害物リレーをします。（ルール：①7つの障害物・帰りは障害物の横　②スタートの線で、次の人がスタート）
指示3	チームごとに並んで、「よーい　スタート」。
発問1	上手に越えたのは誰ですか。どこがよかったのですか。
説明2	リズムよく跳べると、速くきれいに障害物が越えられます。リズムよく跳ぶためにチームで手拍子をとるといいです。
説明3	チームごとに障害物コースをつくります。使ってもよいものは7つです。
発問2	楽しくなるようにどこへ何を置いたらいいですか。
発問3	障害物を上手に越えるためにどんなことに気を付けますか。
指示4	チームごとに並んで、「よーい　スタート」。
指示5	他のチームのつくったコースでリレーします。

❶場づくり　各グループに障害物を置く。

❷発問　上手に越えたのは誰か。どこがよかったか。
評価の観点　「トントントン」とリズムよく越えたか。

❸発問　楽しくなるようにどこへ何を置いたらいいですか。
評価の観点　チームで話し合って、障害物を置くことができたか。

×は❷へ

❹発問　障害物を上手に超えるためにどんなことに気を付けますか。
評価の観点　障害物に合ったリズムで越えたか。

❺学習カードで評価する
□成果の確認をする。
□課題の把握をする。

2 NG事例

（1）リズムがとりにくい子やバランスが崩れやすい子に、教師やチームでの声かけや手拍子がなく、少しの進歩を褒める言葉がけもない。

（2）障害物の数を指定しなかったり、使える障害物になる物の数が少なかったりすると、子供のアイディアを決められた時間内で活かしたリレーになりにくくなる。

3 場づくり

　準備物／コーン、ケンステップ（7枚×チーム数）、段ボール（大・中・小各2×チーム数）、ゴムと支柱2本（2セット×チーム数）、長縄（チーム数）、ミニハードル（2本×チーム数）。

　子供の思考の幅が広がるように、準備物は上記の数よりも多く準備しておく。

（1）「基本の場」……ケンステップを等間隔に7枚置く。

折り返し
ライン

スタートライン
ゴールライン

（2）「習熟度別の場」……チームで話し合い、7つの障害物を工夫する。

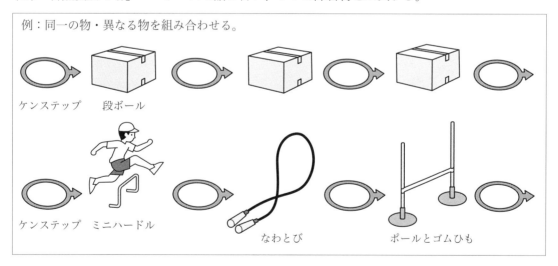

例：同一の物・異なる物を組み合わせる。

ケンステップ　　段ボール

ケンステップ　ミニハードル　　　　　なわとび　　　　　ポールとゴムひも

4 ミニコラム

　運動が苦手な子供は、一定のリズムで走ることができない。みんなで手拍子をしたり、リズム太鼓を叩いたりすることで、リズムを意識できるようになる。また、障害物を意識しすぎると、手を振ることもできなくなる。手を振るだけの練習から、手を振りながらその場でジャンプしたり、前や後ろに跳んだり動物歩きをしたりと、楽しさを忘れないようにして、手を振ることが身につくようにして褒めると、苦手意識を持たなくなる。

5 方法・手順

（1）「基本の場」……一定のリズムで跳ぶ感覚づくりの回旋
　　　リレーのルールは次のようにする。
　　①等間隔に7つのケンステップを置く。
　　②コースの両端に大コーンを置く。
　　③帰りは障害物の横をまっすぐに走る。
　　④ラインを通ったら次の人がスタートする。
　　⑤走る順番はチームで決める。

座っている人の後ろへ行く

前の人がラインを超えたら
次の人はスタートする

（2）「習熟度別の場」……障害物を変えての回旋リレーのルールは次のようにする。
　　①障害物の数は7つ以内にする。
　　②他は、基本の場の回旋ルールと同じとする。
　　③置く障害物の話し合いと置く時間を10分とする。
　　④早く話し合って準備ができたら、実際に走ってみる
　　　（その際に、障害物を変えてもよい）。
　　⑤10分後に、回旋リレーをする。
　　⑥他の班が考えた障害物でもリレーを楽しむ。

子どもが考えた置き方の例（試してから直す班が多い）

重ねた段ボールが2箇所　　広げたなわとび

ボールとゴムひも　段ボール　なわとび　ミニハードル

6 コツ・留意点

（1）学習カードレベル1の「トン・トン・トン」のリズムで
　　跳べることに慣れさせる。
（2）怖がる子どもがいたら、プチプチで作ったハードル（右写
　　真）や牛乳パックのような低い物で行う。
（3）チームでの話し合いがうまくいくように、個々の障害物
　　の写真や絵を用意しておく。また、障害物を多く用意す
　　る（右写真）。
（4）新型コロナウイルス対策で、接触をさけたリレーの方法
　　を紹介した。

7 この技でのチャンピオンは、ここまでできる！

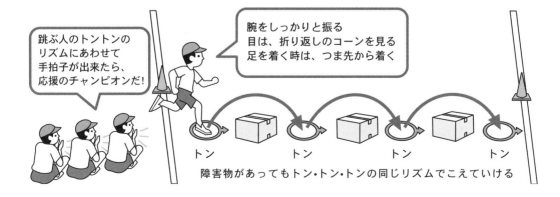

跳ぶ人のトントンの
リズムにあわせて
手拍子が出来たら、
応援のチャンピオンだ！

腕をしっかりと振る
目は、折り返しのコーンを見る
足を着く時は、つま先から着く

トン　　トン　　トン　　トン

障害物があってもトン・トン・トンの同じリズムでこえていける

低い障害物を使ったリレー

年　　組　　番（　　　　　　　　　　）

レベル	内容	やり方	振り返り
1 トントンリズム走	技（わざ）と自己評価（じこひょうか）のポイント （同じリズムで） ◎→全部走れた／○→3～6つ走れた／△→走れたのは2つ以下	トン・トン・トンのリズムで走る	月　　日 ・ ・ ・ できばえ ◎ ○ △
2 トントーンリズム走	（一定のリズムで） ◎→全部走れた／○→2つ以上走れた／△→走れたのは1つ以下	トン・トーンのリズムで走る	月　　日 ・ ・ ・ できばえ ◎ ○ △
3 トント～ンリズム走	（一定のリズムで） ◎→全部走れた／○→2つ以上走れた／△→走れたのは1つ以下	トン・ト～ンのリズムで走る	月　　日 ・ ・ ・ できばえ ◎ ○ △
4 トンピョーンリズム走	（一定のリズムで） ◎→全部走れた／○→2つ以上走れた／△→走れたのは1つ以下	トン・ピョーンのリズムで走る	月　　日 ・ ・ ・ できばえ ◎ ○ △
5 ふらつかないリズム走	（様々な障害物があっても、ふらつかないで、リズムよく） ◎→全部走れた／○→3つ以上走れた／△→走れたのは2つ以下	立ち止まらずに、ふらつかないで走る	月　　日 ・ ・ ・ できばえ ◎ ○ △
6 チームタイム走	（ケンステップだけのチーム記録と、障害物がある時の記録の差が） ◎→2秒×（人数）以内／○→5秒×（人数）以内／△→もっと時間がかかった	ケンステップだけの記録と比べてみる	月　　日 ・ ・ ・ できばえ ◎ ○ △

● 学習カードの使い方：できばえの評価 ●

レベル1・3の評価：◎よくできた／○できた／△もう少し
それぞれのレベルに合わせて◎○△があります。当てはまる物に○をしましょう。
※振り返りには、「自分で気づいた点」と「友達が見て気づいてくれた点」の両方を書きます。

跳の運動遊び

① 幅跳び遊び

小野正史

1 展開

（1）学習のねらい

①助走を付けて片足でしっかり地面を蹴って前方に跳ぶことができる。

②片足や両足で様々な方向に跳ぶことを楽しみ、進んで取り組むことができる。

（2）学習のねらいを体現する発問・指示

主体的な学びの発問・指示→両足跳びでもっと遠くまで跳ぶには、どうしたらよいですか。

対話的な学びの発問・指示→両足跳びと片足跳びではどちらが遠くまで跳べますか。

深い学びの発問・指示→もっと遠くまで跳ぶには、どうしたらよいですか。

指示1	ウォーミングアップをします（スキップ、ケンケンジャンケン、ケンステップ跳び）。
指示2	川跳びの場づくりをします（列ごとに長縄を2本ずつならべる）。
指示3	川にはワニがいます。落ちないように右や左に跳んで渡ります。コーンについたら、人にぶつからないように外側を回って列に戻ります。片足で跳んだり、両足で跳んだりしましょう。
発問1	両足跳びでもっと遠くまで跳ぶには、どうしたらよいですか。
指示4	両足で跳んで確かめましょう。友達の良い動きをみつけましょう。
説明1	膝が曲がって沈み込むとバネがぎゅーんと縮みます。手を振り上げると上に引っ張られて大きく跳べます。
発問2	両足跳びと片足跳びでは、どちらが遠くまで跳べますか。
指示5	川の広いところで遠くまで跳ぶ練習をしましょう。
説明2	少し助走して跳ぶ時は片足跳びの方が遠くに跳べます。
指示6	片足で跳ぶ練習をします。輪の中に片足ずつ足を入れて、ト・トーンと跳びます（師範、上手な子）。
発問3	もっと遠くまで跳ぶには、どうしたらよいですか。
指示7	練習して確かめましょう。
指示8	学習カードに、でき具合を記録します。

❶**場づくりする**　長縄、ケンステップ、コーンを置く。

↓

❷**発問**　両足跳びでもっと遠くまで跳ぶには、どうしたらよいですか。

評価の観点　膝が曲がり沈み込むことが分かる。

×は❷へ

↓

❸**発問**　両足と片足跳びでは、どちらが遠くまで跳べますか。

評価の観点　片足跳びの方が遠くに跳べると分かる。

×は❸へ

↓

❹**発問**　もっと遠くまで跳ぶには、どうしたらよいですか。

評価の観点　助走した方が、より遠くに跳べることが理解できたか。

↓

❺**学習カードで評価する**

□成果の確認をする。

□課題の把握をする。

2 NG事例

（1）順番の並び方や戻り方、場を直しているときに跳ばないなどルールを確認しないと危険である。

（2）両足跳びしか跳べない子や両足の方が遠くに跳べる子もいる。否定的な声をかけない。

3 場づくり

　準備物／長縄10本、ケンステップ15個、コーン5個、マーカー5個

（1）「習得の段階」……多様な動きをする。

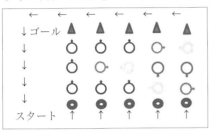

◀場

▼連続片足跳び

▼連続両足跳び

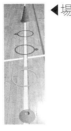

（2）「活用の段階」……両足跳びや片足跳びで川跳びをする。

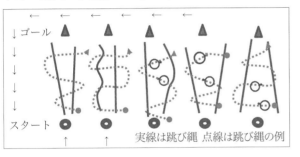

実線は跳び縄　点線は跳び縄の例

両足跳び

片足跳び

（3）「探求の段階」……より遠くへ跳ぶ動きをする。

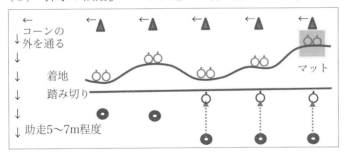

▼場

4 ミニコラム

　低学年は幼児期の運動の遅れを取り戻す大切な時期である。基本的な動きを楽しく繰り返し経験させたい。跳び遊びはリズム良く跳ねたり遠くへ跳ぶのが楽しい。両足や左右の足を使い、前後、左右、回転など様々な動きをさせる。遠くに跳ぶために沈み込みの動きが必要である。

　川跳びに輪跳びを入れ、連続跳びで沈み込みの感覚を経験させる。より遠くに跳ぶために助走が必要と考える子供が出てくる。助走をして跳ぶ場をつくる。このとき走る動きから踏み切りの動きへの切り替えが難しく、走り抜けになる子がいる。輪をおいて踏み切る目印にする。

1
体つくりの運動遊び／体つくり運動

2
走・跳の運動遊び／陸上運動

５　方法・手順

（１）「習得の段階」……多様な動きをする。

　　①スキップ走：スキップで○○に行ってタッチしたら戻る。

　　②ケンケン足ジャンケン：「ケンケンジャンケン、ジャンケン（グー、チョキ、パー）」。

　　③連続跳び：ケンステップの矢印に足先を向け、リズムよく跳ぶ。両足、右、左と変える。

（２）「活用の段階」……両足や片足跳びで川跳び遊びをする。

　　④川跳び遊び：自由に跳ぶ。両足で跳ぶ。片足で跳ぶなど、様々な跳び方をする。

　　⑤上手な子の跳び方を見て、膝の沈み込みと手の振り上げを練習する。

　　⑥片足踏み切りでより遠くまで跳ぶ。右足と左足を変えて跳ぶ。

（３）「探求の段階」……より遠くへ跳ぶ動きをする。

　　⑦歩きながらケンステップに足を合わせ「トーン」で跳んで「パ」で両足着地する。

　　⑧同じ場で助走を５〜７ｍとり、助走をして跳ぶ。

　　⑨踏み切るところにケンステップを１つおき、助走して踏み切りを合わせて跳ぶ。

ケンケンジャンケン　グー　　　　　チョキ　　　　　パー　　　　　　矢印に足先を　　輪にテープを巻
　　　　　　　　　　　　　　　　　　　　　　　　　　　　　　　　　向ける　　　　いてケンステッ
　　　　　　　　　　　　　　　　　　　　　　　　　　　　　　　　　　　　　　　プの代用にする

６　コツ・留意点

（１）慣れてきたら、リズム太鼓を叩いて「トン・トン・トン」のリズムで跳ばせる。

（２）川幅は様々変えておき、自分に合うところで跳ぶ。輪で止まらず、連続ジャンプする。

（３）連続跳びの時、川の間に置く輪を踏み切りに近く置き、連続の2つ目のジャンプが大きく
　　　なるようにすると、自然に膝の沈み込みが大きくなる。

（４）助走すると片足で踏み切れずに走り抜けてしまう子がいる。助走なしで「トーン・パ」
　　　の練習をする。慣れたら軽く助走する。手本を見せて練習させるとよい。

〔助走なし〕　　　　　　　　　　　　〔軽く助走する〕

　　　　トーン、　　　　パ　　　　　　　　　　　　トーン、　　　　パ

７　この技でのチャンピオンは、ここまでできる！

　　７ｍくらい助走して、片足で踏み切り幅の広い川を越え、両足で着地できる。

年　　　組　　　番（　　　　　　　　　　）

レベル	内容	やり方	振り返り
1	**輪跳び**（両足、片足跳び） **技と自己評価のポイント** ◎→両足、片足で連続跳びができた ○→両足、片足跳びができた △→輪に合わせて跳べた	両足跳び　　　片足跳び	月　　　日 ・ ・ ・ できばえ ◎ ○ △
2	**川跳び** ◎→全部の跳び方ができた ○→5つの跳び方ができた △→4つの跳び方ができた	前跳び　　　横跳び 前跳び（右足→左足）/（右足→右足） 横跳び（右足→左足）/（右足→右足）	月　　　日 ・ ・ ・ できばえ ◎ ○ △
3	**連続ジャンプ** ◎→両足や片足でトン・トンとリズムよく連続で跳べた ○→両足か片足で連続で跳べた △→1つずつ跳べた	片足　　　両足	月　　　日 ・ ・ ・ できばえ ◎ ○ △
4	**沈み込みジャンプ** ◎→片足で沈み込みができた ○→両足で沈み込みができた △→少し膝が曲げられた	両足　　　片足	月　　　日 ・ ・ ・ できばえ ◎ ○ △
5	**トーン・パとリズムにのって跳ぶ** ◎→助走をして、輪に足を合わせてトーン・パで跳べた ○→歩いてきて、トーン・パで跳べた △→トーン・パで跳べた	トーン・　　　パ	月　　　日 ・ ・ ・ できばえ ◎ ○ △

●学習カードの使い方：できばえの評価●

レベル1〜4の評価： ◎よくできた／○できた／△もう少し
※振り返りには、「自分で気づいた点」と「友達が見て気づいてくれた点」の両方を書きます。

跳の運動遊び

② ケンパー跳び遊び

髙橋智弥

1 展開

（1）学習のねらい

　①片足や両足で、連続して跳ぶことができる。

　②片足や両足で跳ぶ簡単な遊び方を工夫することができる。

（2）学習のねらいを体現する発問・指示

　主体的な学びの発問・指示→リズムよくジャンプするには、どうしたらよいですか。

　対話的な学びの発問・指示→友達のジャンプを見ます。よいところはどこですか。

　深い学びの発問・指示→2つの動きを組み合わせてみましょう。

発問1　リズムよくジャンプするには、どうしたらよいですか。

指示1　線の上で「グー・グー・グー・グー」で跳びます。

指示2　「グー・パー・グー・パー」で跳びます。
　　　　「パー」の時は、線を踏まないようにします。

指示3　線の上でケンケンをします。

指示4　線を踏まずにジグザグケンケンをします。

発問2　他にどんなジャンプができますか。

発問3　友達のジャンプを見ます。よいところはどこですか。

指示5　ペアで動きを見合います。リズムが合っていれば○と言います。

発問4　友達のよい動きと自分の動きを組み合わせるにはどうしたらよいですか。

指示6　組み合わせた動きで練習しましょう。

指示7　○○ペアの動きを見ます。○○ペアの動きをやってみましょう。

指示8　学習カードに振り返りを書きます。

❶場づくりする　白線を一本引いておく。

↓

❷発問　リズムよくジャンプするには、どうしたらよいですか。
評価の観点　リズムよく跳ぶことができているか。

×は❷へ

↓

❸発問　友達のジャンプを見ます。よいところはどこですか。
評価の観点　リズムよく跳ぶことができているか。

×は❸へ

↓

❹発問　友達のよい動きと自分の動きを組み合わせるにはどうしたらよいですか。
評価の観点　2つの動きを組み合わせてできているか。

↓

❺学習カードで評価する
□成果の確認をする。
□課題の把握をする。

2 NG事例

（1）いきなりジャンプを考えさせない。

　　→様々な動きを例示した後に技を組み合わせる。

（2）厳しくしすぎない。

　　→リズムが大体合っていればOKとする。

3 場づくり

準備物／校庭の場合は白線、体育館の場合はラインを活用する。

（1）「習得活用の段階」

- まっすぐな線を活用する。
- 生活班などで4〜6人グループをつくり、1人ずつ演技する。

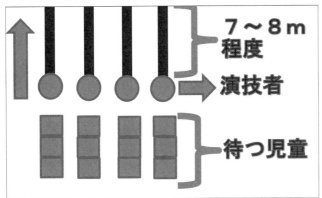

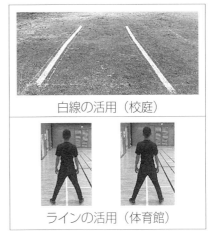

白線の活用（校庭）

ラインの活用（体育館）

（2）「探求の段階」

- 2つの動きを組み合わせて行う。
- 半分の線を越えたら違う跳び方をする。

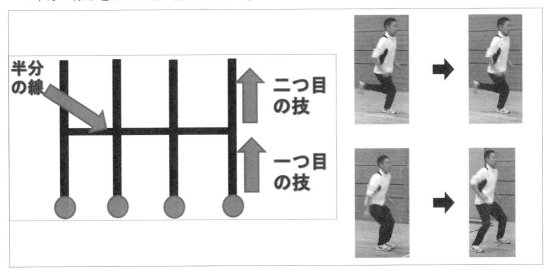

4 ミニコラム

　低学年での幅跳び遊び・ケンパー跳び遊び・ゴム跳び遊びが、中学年では幅跳び・高跳び、高学年では、走り幅跳び・走り高跳びに発展していく。系統性を意識すること、低学年なので特に遊びの要素を取り入れて運動をさせていくことが大切である。

　様々なジャンプを経験させた後に、オリジナルの動きを創意工夫させていくことで、深い学びにつなげていくことができる。

5 方法・手順

（1）「習得の段階」……様々なジャンプを経験する。

　①グー跳び：リズムよくグーで線の上を跳ぶ。

　②グーパー跳び：グーは線の上、パーは線を踏まずに跳ぶ。

　③グーチョキパー跳び：グー、チョキは線の上、パーは線をまたいで跳ぶ。

　④ケンケン跳び：ケンケンで線の上を跳ぶ。左右両方とも行う。

　⑤ジグザグケンケン跳び：線を踏まずにジグザグケンケンをする。左右両方とも行う。

（2）「活用の段階」

　以下のように発問し、子供から動きを引き出していく。

　発問：他にどんな跳び方ができますか。

　例：線の上でギャロップ跳び・グーパーチョキ跳び

（3）「探求の段階」……2つの跳び方を組み合わせて行う。

　例：グーパー跳び＋ケンケン跳び、ケンケン跳び＋グーチョキパー跳び

▼グーパー跳び　　▼ケンケン跳び

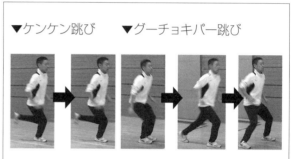

▼ケンケン跳び　　▼グーチョキパー跳び

6 コツ・留意点

（1）リズムよくジャンプをする。

（2）線の上で、ジャンプ（ケンケン跳び、グーチョキ跳び等）をする。

（3）線を踏まないようにジャンプ（ジグザグケンケン跳び、パー跳び等）をする。

7 この技でのチャンピオンは、ここまでできる！

　2つの技を組み合わせて、線の上でリズムよく跳ぶことができる。

グーチョキパー跳び　　　　　　　　　　　　　　　　ジグザグケンケン跳び

▲グー　　　▲チョキ　　　▲パー　　　　　　　▲ケンケン　　　▲ケンケン

ケンパー跳び遊び

年　　組　　番（　　　　　　　　　　）

レベル	内容	やり方	振り返り
1 グー跳び **技と自己評価のポイント** リズムよく線の上を跳ぶ。 ◎→5連続でできる／○→3連続でできる／△→1回できる			月　　日 ・ ・ ・ できばえ ◎ ○ △
2 グーパー跳び リズムよく線の上を跳ぶ。 ◎→5連続でできる／○→3連続でできる／△→1回できる			月　　日 ・ ・ ・ できばえ ◎ ○ △
3 グーチョキパー跳び リズムよく線の上を跳ぶ。 ◎→5連続でできる／○→3連続でできる／△→1回できる			月　　日 ・ ・ ・ できばえ ◎ ○ △
4 ケンケン跳び リズムよく線の上を跳ぶ。 ◎→両足でできる／○→片方の足だけできる／△→両方できない	右足と左足の両方やってみよう		月　　日 ・ ・ ・ できばえ ◎ ○ △
5 ジグザグケンケン跳び リズムよく線の上をまたいで跳ぶ。 ◎→両足の足でできる／○→線を踏まずにできる／△→線を踏んでしまう	右足と左足の両方やってみよう		月　　日 ・ ・ ・ できばえ ◎ ○ △
6 動きの組み合わせ 2つの技を組み合わせて跳ぶ。 ◎→3回連続でできる／○→2つの技を組み合わせてできる／△→1つの技のみできる	□ ＋ □ 技を組み合わせてみよう		月　　日 ・ ・ ・ できばえ ◎ ○ △

━━━●**学習カードの使い方：できばえの評価**●━━━

レベル1〜6の評価：◎よくできた／○できた／△もう少し
※振り返りには、「自分で気づいた点」と「友達が見て気づいてくれた点」の両方を書きます。

跳の運動遊び

③ ゴム跳び遊び

石橋禎恵

1 展開

（1）学習のねらい

①助走をつけて片足でしっかりと地面を蹴って上方に跳ぶことができる。

②片足や両足で連続して上方に跳ぶことができる。

（2）学習のねらいを体現する発問・指示

主体的な学びの発問・指示→ゴム跳びには、どんな跳び方がありますか（片足跳び、両足跳び）。

対話的な学びの発問・指示→友達の中で、誰の跳び方がよかったですか。

深い学びの発問・指示→高く跳ぶには、どうしたらよいですか。

指示1　好きな跳び方で跳びなさい。

発問1　ゴム跳びには、どんな跳び方がありますか。

指示2　助走をつけて、跳びましょう。

説明1　跳び方には、「正面から跳ぶ跳び方」と、「横から跳ぶ跳び方」があります。

指示3　笛を吹くまでは正面から跳びます。笛を吹いた後は横から跳びます。

発問2　高く跳ぶには、どうしたらよいですか。

指示4　脚を膝よりも高く上げることに気を付けて跳びましょう。

発問3　友達の中で、誰の跳び方がよかったですか。発表します。

説明2　今度は、ジグザグしたゴムを跳びます。時間を決めて、交代します。後で上手に跳ぶコツを見つけてもらいます。

発問4　ゴムを続けて上手に跳ぶコツは何ですか。

説明3　「トン・トン・トン」とリズムよく動くと、上手に跳べるようですね。

発問5　片足跳びと、両足跳び、どちらで跳びたいですか。

指示5　お友達のよいところを真似して跳びましょう。

2 NG事例

（1）いきなり高い高さで跳ばせてしまう。

（2）引っかかったところだけ指導してしまう。

❶場づくりする　足首・膝・腰それぞれの高さを示したゴムを用意し、様々な高さを跳べるようにする。

✕は❶へ

❷発問　高く跳ぶには、どうしたらよいだろうか。

評価の観点　脚を、膝より上の高さに上げて、より高く跳んでいるか。

❸場づくりする　ジグザグしたコースをつくり、連続して跳べるようにする。

✕は❸または❹へ

❹場づくりする　片足で跳ぶコース・両足で跳ぶコースをつくり、連続して跳べるようにする。

❺発問　続けて上手に跳ぶコツは何か。

評価の観点　リズムよくゴムを跳んでいるか。

❻学習カードで評価する

□成果の確認をする。

□課題の把握をする。

3 場づくり

準備物／旗を立てる土台・平ゴム（100円均一ショップで買える）

【ゴム跳び1本コース】

（1）「基本の場」……好きな高
さを選んで跳ぶ。

（2）「習熟度別の場」……自分で跳びたい高さを選んで
跳ぶ。

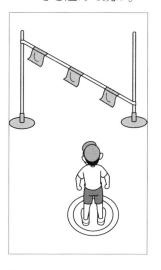

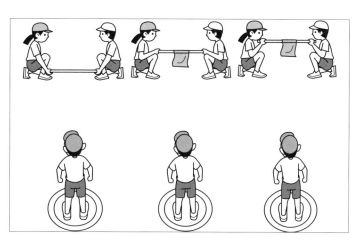

【ゴム跳び連続コース】

（1）「基本の場」……片足跳びか両足跳びか
を自分で決めて跳ぶ。

（2）「習熟度別の場」……自分で跳びたい高
さを選んで跳ぶ。片足跳びか両足跳び
かを自分で選んで跳ぶ。

4 ミニコラム

　ゴム跳びは、引っかかっても痛みを感じない。ゴム1本以上あればできる遊びである。高学年の
走り高跳びや障害物走につながっていく。体育の時間だけでなく、休憩時間にも奨励してさせたい。

5 **方法・手順**

（1）ゴム跳びの場を前半と後半に分ける。

　①前半：ゴム跳び1本コース。足首・膝・腰の高さごとのゴムを跳ぶ。

　②後半：ゴム跳び連続コース。続けて2回跳ぶか、3回跳ぶかを選んで跳ぶ。

（2）3グループに分かれ、それぞれの高さのゴムを跳ぶ。終わったら、次のコースへ進む。

（3）正面から跳ぶ跳び方と、横から跳ぶ跳び方を紹介する（上手に跳んでいる子供がいた場合、実演してもらう）。

（4）高く跳ぶコツを考えて発表させる。その際、次の2点が出たら、取り上げて紹介する。

　①助走をつけている。

　②地面をしっかり蹴り、上へ跳んでいる。

（5）よい跳び方を意識させて、もう一度跳ばせる。

（6）ゴム跳び連続コースにする。2グループに分け、それぞれのゴムを跳ぶ。笛の合図で、もう一方のコースへ進む。高さは30cm（膝ぐらい）の高さにする。両足跳びでもよいことを伝える。

（7）全員が終わった後、よいところを発表させる。その際、跳ぶリズムが一定になっている点が出たら、取り上げて紹介する。

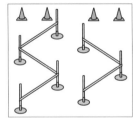

（8）よい跳び方を意識させて、もう一度跳ばせる。

6 **コツ・留意点**

（1）引っかかった場合、ゴムとの距離が近いことが考えられるので、踏み切る場所を離すように伝える。難しい場合は、踏み切る場所に足形の印をつける。

（2）ゴムの手前まで来て、またいで感覚を確かめてよいことを伝える。

（3）助走をつけると恐怖を感じる子には、ゴムの近くで、両足で踏み切って跳んでもよいことを伝える。

（4）指導者が手をつないで一緒に跳ぶ。

7 **この技でのチャンピオンは、ここまでできる！**

▲助走をつけて、高く跳べる　　　　　▲リズムよく連続してゴムを跳び越せる

ゴム跳び遊び

年　　組　　番（　　　　　　　　　　）

レベル	内容	やり方	振り返り
1 地面の高さ	**技(わざ)と自己評価(じこひょうか)のポイント** 地面の高さを跳ぶ(正面から跳ぶ・横から跳ぶ)。◎→正面・横の両方跳べる ／○→正面・横の片方跳べる ／△→止まってしまう	正面から跳ぶ　　横から跳ぶ 足を上げる	月　　日 ・ ・ ・ できばえ ◎ ○ △
2 膝の高さ	膝の高さを跳ぶ(正面から跳ぶ・横から跳ぶ)。◎→リズムよく跳べる ／○→跳び越せる ／△→止まってしまう	助走をつける	月　　日 ・ ・ ・ できばえ ◎ ○ △
3 腰の高さ	腰の高さを跳ぶ(正面と横から跳ぶ・横から跳ぶ)。◎→5回跳べる ／○→3回跳べる／△→1回跳べる	地面を蹴って、高く上がる	月　　日 ・ ・ ・ できばえ ◎ ○ △
4 ジグザグコース	ジグザグになっているゴムを跳ぶ。◎→40cmの高さを跳べる／○→30cmの高さを跳べる/△→20cmの高さを跳べる	体の向きを変えて、跳ぶ	月　　日 ・ ・ ・ できばえ ◎ ○ △
5 片足跳びコース	片足でリズムよく3本のゴムを跳ぶ。/◎→3本跳べる/○→2本跳べる/△→1本跳べる	決まったリズムで跳ぶ	月　　日 ・ ・ ・ できばえ ◎ ○ △
6 両足跳びコース	両足でリズムよく3本のゴムを跳ぶ。◎→3本跳べる/○→2本跳べる/△→1本跳べる	決まったリズムで跳ぶ	月　　日 ・ ・ ・ できばえ ◎ ○ △

● 学習カードの使い方：できばえの評価 ●

レベル1～6の評価： ◎よくできた／○できた／△もう少し
※振り返りには、「自分で気づいた点」と「友達が見て気づいてくれた点」の両方を書きます。

かけっこ・リレー
①30〜50m程度のかけっこ

又井裕一郎

1 展開

（1）学習のねらい

①自分に合った距離を選んで8秒間走に取り組むことができる。

②まっすぐ前を見て、腕を前後に大きく振って走ることができる。

（2）学習のねらいを体現する発問・指示

主体的な学びの発問・指示→どの姿勢が一番スタートしやすいですか。

対話的な学びの発問・指示→友達と腕の振り方を見合ってみよう（タブレットを使用）。

深い学びの発問・指示→どこからスタートすると8秒でゴールできますか。

指示1　リズム太鼓に合わせて、前向き走、後ろ向き走、スキップ、ギャロップをします。

指示2　大また走をします。10mの助走の後、20mを何歩で走れるか挑戦します。

指示3　先生の言った姿勢でスタートします。笛の合図で素早く走り始めます。
　　　　※30m程度走る。「方法・手順」参照。

発問1　どの姿勢が一番スタートしやすいですか。

説明1　自分と同じくらいの速さの人と一緒に走ると足が速くなります。

指示4　自分と大体同じ速さの人と4人組をつくります（教師があらかじめ決めておいてもよい）。

説明2　4人で8秒間走をします。
　　　　①それぞれ、8秒ちょうどでゴールできる位置からスタートする。②8秒後、先生の笛が鳴った時にゴールできれば合格。③上達に従い、スタートを遠ざける。

発問2　どこからスタートすると8秒ちょうどで走れますか。

指示5　8秒間走で確かめます。

指示6　学習カードに今日の記録を書きます。

2 NG事例

（1）タイムの速さだけで競わせること。

（2）ひたすら回数を走らせるようなトレーニングをさせること。

❶指示　リズム太鼓に合わせて、前向き走、後ろ向き走、スキップ、ギャロップをします。

❷指示　大また走をします。10mの助走の後、20mを何歩で走れるか挑戦します。

評価の観点　ゴールまでの歩数を減らせたか。腕を大きく振れたか。

❸発問　どの姿勢が一番スタートしやすいですか。

評価の観点　スタートしやすい姿勢を見つけられたか。

×は❷へ

❹発問　どこからスタートすると8秒ちょうどで走れますか。8秒間走で確かめます。

評価の観点　8秒ちょうどで走ることができるか。腕を前後に大きく振ってまっすぐ走れているか。

❺学習カードで評価する

□成果の確認をする。

□課題の把握をする。

3 場づくり

準備物／ラインカー、カラーコーン２個

（１）「基本の場」……『大また走』腕を前後に大きく振った走り方を習得する。

スタート		ゴール
助走エリア	このエリアを何歩で走れるか挑戦する。歩数が減るごとにストライドが伸びる。	
10m	20m	

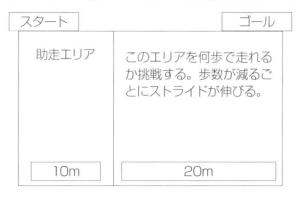

（２）「習熟度別の場」……『８秒間走（30〜40mの場合）』学年や子供の実態に応じて距離を調整。

スタート（各自が選ぶ）			ゴール
		ゴールラインの奥にコーンを置く。コーンまで駆け抜けさせることで最後まで全力で走ることができる。	

枠の幅は1m　　スタート地点は各自が選択する

ゴール

4 ミニコラム

　学習指導要領の改訂で、前回に比べ、かけっこ・リレー、短距離走では全ての学年において、例示されている距離が短くなった。中額年のかけっこでは「40〜60m程度」から「30〜50m程度」と10m短くなっている。

　これからの陸上運動の指導においては、子供自身に明確なめあてをもたせ、短い距離を繰り返し走ることで体力と技能を伸ばしていくべきである。

　その際、ひたすら走るだけの単調な内容となっては、子供たちは苦痛である。スタートの姿勢に変化をつけたり、個人差に対応する８秒間走を行ったりすることで、全ての子供たちに達成感を味わわせるようにしたい。

1　体つくりの運動遊び／体つくり運動

2　走・跳の運動遊び／陸上運動

5　方法・手順

（1）「習得の段階」……大また走を行う。腕を前後に大きく振って走る。

　①助走の後の20mを大またで、できるだけ少ない歩数で走る。

（2）「活用の段階」……いろいろな姿勢でのスタートから腕を前後に大きく振って走る。

　②後ろ向き長座の姿勢からスタートする。

　③後ろ向きでうつ伏せの姿勢からスタートする。

　④後ろ向きで立て膝の姿勢からスタートする。

　⑤前向き立て膝の姿勢からスタートする。

　⑥前向きで片手を地面に着けた姿勢からスタートする。

　⑦最も楽な姿勢からスタートする。

（3）「探求の段階」……8秒間走を行う。8秒ちょうどでゴールできるスタート位置を見つけて走る。

大また走　　　　　　　　　　　　　　　　後ろ向きで長座　　後ろ向きでうつ伏せ

後ろ向きで立て膝　　前向きで立て膝　　前向きで片手を地面　　最も楽な姿勢

6　コツ・留意点

（1）スタートは、体に力を入れずにリラックスした状態で構えさせる。

（2）大また走で歩数が少なくなるほどストライドが伸びることに気づかせる。

（3）腕だけを過度に大きく振らず、体全体の動きと連動させることをイメージさせる。

最も楽な姿勢　　　　大また走でストライドを伸ばす　　　体全体で走るイメージ

7　この技でのチャンピオンは、ここまでできる！

　まっすぐ前を見て、腕を前後に大きく振って走ることができる。

30〜50m程度のかけっこ

年　　　組　　　番（　　　　　　　　　）

レベル	内容	やり方	振り返り
1 大また走 **技**（わざ）と**自己評価**（じこひょうか）の**ポイント** 20mを少ない歩数で走る。◎→3歩歩数が減った／○→1歩歩数が減った／△→変わらない		助走の後、できるだけ少ない歩数で走ろう	月　　　日 ・ ・ ・ できばえ　◎　○　△
2 いろいろなスタート① 後ろ向きで長座、うつ伏せ。◎→2種目素早く／○→1種目素早く／△→少し遅れた		笛の合図で素早くスタートしよう	月　　　日 ・ ・ ・ できばえ　◎　○　△
3 いろいろなスタート② 後ろ向き立て膝・前向き立て膝。◎→素早くスタート／○→普通にスタート／△→少し遅れる		笛の合図で素早くスタートしよう	月　　　日 ・ ・ ・ できばえ　◎　○　△
4 いろいろなスタート③ 前向きでかた手を地面。◎→腰を低く素早く／○→中腰で素早く／△→腰が高く遅れる		笛の合図で素早くスタートしよう	月　　　日 ・ ・ ・ できばえ　◎　○　△
5 走り方 腕を前後に大きく振る。◎→大きく振れている／○→普通に振れている／△→振りが小さい		腕を大きく振って走ろう	月　　　日 ・ ・ ・ できばえ　◎　○　△
6 8秒間走 ◎→ちょうど8秒／○→8秒前後／△→通り過ぎる・間に合わない		8秒ちょうどでゴールしよう	月　　　日 ・ ・ ・ できばえ　◎　○　△

━━━━●学習カードの使い方：できばえの評価●━━━━

レベルの評価： ◎よくできた／○できた／△もう少し
※振り返りには、「自分で気づいた点」と「友達が見て気づいてくれた点」の両方を書きます。

かけっこ・リレー

② 回旋リレー

根本正雄

1 展開

（1）学習のねらい

　①障害物の置き方を工夫して、回旋リレーができる。

　②仲間と協力して、楽しく活動できる態度を身につける。

（2）学習のねらいを体現する発問・指示

　主体的な学びの発問・指示→障害物をどこに置いたら、速く走れるだろうか。

　対話的な学びの発問・指示→チームで、どこに置いたらよいかの作戦を立てなさい。

　深い学びの発問・指示→障害物をA、B、Cのどこに置いたら、速く走れるだろうか。

指示1　太鼓に合わせて、前向き走、後ろ向き走、スキップ、ギャロップをします。

説明1　これから回旋リレーをします。ルールは次の通りです。

発問1　障害物をどこに置いたら、速く走れるか。

指示2　チームで、どこに置いたらよいかの作戦を立てなさい。

指示3　自分たちで立てた作戦で、はじめのゲームをします。

発問2　障害物をA、B、Cのどこに置いたら、速く走れるだろうか。

指示4　初めのゲームの結果をもとに、新しい作戦を立てなさい。

指示5　自分たちで立てた作戦で、2回目のゲームをします。

発問3　障害物をCに置くと、なぜ速く走れますか。

説明2　最初に3つまとめた障害物を回旋し、直線距離を長く走った方が速く走れます。

指示6　学習カードに記録を書き、自分やチームの反省を書きます。

指示7　障害物の後片付けをします。グループで協力して行います。

❶**指示**　太鼓に合わせて走ります。

↓

❷**発問**　障害物をどこに置いたらよいだろうか。

評価の観点　障害物をどこに置いたらよいかが分かる。

↓

❸**発問**　障害物をA、B、Cのどこに置いたらよいだろうか。

評価の観点　A、B、Cの置く場所で、勝敗が変わる。

×は❷へ

↓

❹**発問**　障害物をCに置くと、なぜ速く走れますか。

評価の観点　直線距離を長く走ればいい。

↓

❺**学習カードで評価する**

□成果の確認をする。

□課題の把握をする。

2 NG事例

（1）チームの走力差が大きくならないようにする。50mの平均タイムは均等。

（2）障害物は安全にできるものを選択する。倒れたりしないで安定したものにする。

（3）走るのが遅いからといって、友達を批判したりしない。

3 場づくり

準備物／腰かけ台、カラーコーン、ポートボールの台

（1）「基本の場」……障害物を等間隔において、チームで練習する。

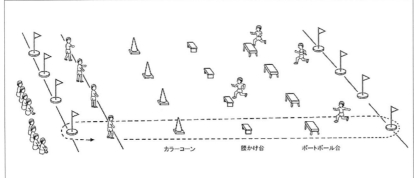

カラーコーン　　　腰かけ台　　　ポートボール台

（2）「習熟度別の場」……チームの挑戦したい場を選んで、練習する。

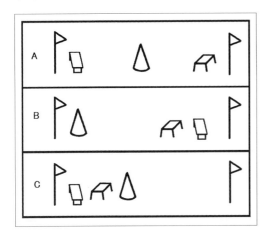

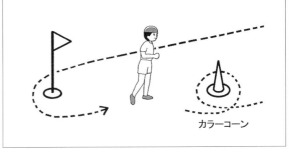

カラーコーン

4 ミニコラム

　回旋リレーの特性は、自分たちでルールを決め、障害物を回旋しながらバトンパスをすることで、チーム同士で勝ち負けを競い合うことにある。回旋リレーは、走ることが遅い子供のチームでも作戦やルールを工夫することで、勝つチャンスが出てくる。また、チーム同士で勝ち負けを競い合う中で、障害物を素早く回る技能や個人の走る能力を高めることができる。

　従来の回旋リレーは、障害物の位置が固定されていたために、勝つためには走り方、回り方に焦点が置かれてきた。上手に回れる子供や速く走れる子供は意欲的に学習できたが、走ることの遅い子供は進んで参加できなかった。そこで、従来のように障害物の位置を固定するのではなく、チームの作戦によって決めることができるようにするようにした。

5　方法・手順

(1) 回旋リレーのルールを次のようにする。
　①5人1組で走る。
　②1人40m走る。
　③障害物は等間隔にする。
　④障害物は3個置き必ず1回ずつ回旋する。
　⑤走る順番はグループで決める。
(2) 50m走の記録をもとに、8つのチームをつくる。
　　どのチームのタイムも同じになるようにする。
(3) 障害物をどこに置いたら、速く走れるか、チーム
　　で作戦を立てる。
(4) チームで立てた作戦ではじめのゲームをする。
(5) はじめのゲームの結果をもとに、障害物をA、B、
　　Cのどこに置いたら速く走れるか、チームで作戦
　　を立てる。
(6) 自分たちで立てた作戦で、2回目のゲームをする。
(7) 障害物をCに置くと、なぜ速く走れるかを考える。
(8) 最初に3つまとめた障害物を回旋し、直線距離を
　　長く走った方が速く走れることが分かる。
(9) 学習カードに記録を書き、自分やチームの反省を
　　書く。
(10) 障害物の後片付けをする。

▲カラーコーン　　▲ポートボール台

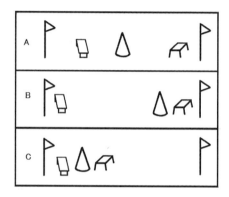

6　コツ・留意点

(1) 障害物を回旋する時には、体を内側に傾けて、
　　外側の腕を大きく振るようにして回る。
(2) バトンの受け渡しは、マークを決めておく。マー
　　クまできたら思い切りスタートする。紅白の玉
　　などを用意する。
(3) 折り返し地点でスピードが落ちないようにする。

▲内側に傾ける　　▲紅白の玉

7　この技でのチャンピオンは、ここまでできる！

カラーコーン　　　　腰かけ台　　　　ポートボール台

回旋リレー

年　　組　　番（　　　　　　　　　）

レベル	内容	やり方	振り返り
1 回旋リレー **技（わざ）と自己評価（じこひょうか）のポイント** 等間隔の練習をする。◎→素早く回れる／○→ルールが守れる／△→順番が守れる		カラーコーンを回る	月　　日 ・ ・ ・ できばえ ◎ ○ △
2 作戦1 置き方の作戦をする。◎→1分以内でできる／○→2分以内でできる／△→3分以内でできる		置き方を工夫する	月　　日 ・ ・ ・ できばえ ◎ ○ △
3 ゲーム1 作戦でゲームを行う。◎→バトンが渡せる／○→ルールが守れる／△→応援ができる		バトンを渡す	月　　日 ・ ・ ・ できばえ ◎ ○ △
4 作戦2 A、B、Cのどこに置くかの作戦を立てる。◎→1分以内でできる／○→2分以内でできる／△→3分以内でできる			月　　日 ・ ・ ・ できばえ ◎ ○ △
5 ゲーム2 作戦でゲームを行う。◎→バトンが渡せる／○→ルールが守れる／△→応援ができる		◀紅白の玉	月　　日 ・ ・ ・ できばえ ◎ ○ △
6 チームを変える チームを変えて行う。◎→バトンが渡せる／○→ルールが守れる／△→応援ができる		体を内側に傾ける	月　　日 ・ ・ ・ できばえ ◎ ○ △

学習カードの使い方：できばえの評価

レベル1〜6の評価： ◎よくできた／○できた／△もう少し
※振り返りには、「自分で気づいた点」と「友達が見て気づいてくれた点」の両方を書きます。

小型ハードル走
① 30〜50m程度のかけっこ

大中州明

1 展開

（1）学習のねらい

　インターバルの距離や小型ハードルの高さに応じたいろいろなリズムで、小型ハードルを走り越すことができる。

（2）学習のねらいを体現する発問・指示

　主体的な学びの発問・指示→小型ハードル、どんなリズムで跳べばいいかな。

　対話的な学びの発問・指示→よい跳び方をしている友達の動きは、どこがいいかな。

　深い学びの発問・指示→小型ハードル間の歩数は、何歩がいいかな。

指示1　準備運動。川跳び、ケンパー跳び。

発問1　小型ハードル、どんなリズムで跳べばいいかな。

説明1　ト・ト・トンのリズムで跳べば、スピードを落とさず走り越すことができます。

指示2　小型ハードルをト・ト・トンのリズムで走り越す練習をします。5回中、何回ト・ト・トンのリズムで走り越すことができるか、友達に判定してもらいます。

発問2　よい跳び方をしている友達の動きはどこがいいかな。

説明2　「小型ハードルを遠くから踏み切っている」「小型ハードルを低く越えている」「小型ハードルの近くに着地している」などがあります。

指示3　2台目の小型ハードルを置き練習をします。

発問3　小型ハードル間の歩数は、何歩がいいかな。

説明3　小型ハードル間は3〜5歩で走り越すといいです。

指示4　3台目の小型ハードルを置き練習をします。

指示5　2人組で競走をします。ジャンケンをして、勝った人は小型ハードル、負けた人は小型ハードルなしで走ります。1回競走が終わったら、コースを変わります。

❶発問　小型ハードル、どんなリズムで跳べばいいかな。

評価の観点　ト・ト・トンのリズムで跳ぶことができる。

×は❶へ

❷発問　よい跳び方をしている友達の動きはどこがいいかな。

評価の観点　踏み切り、空中姿勢、着地等を見つけることができる。

×は❷へ

❸発問　小型ハードル間の歩数は、何歩がいいかな。

評価の観点　小型ハードル間は3〜5歩で走り越すとよい。

❹学習カードで評価する

□成果の確認をする。

□課題の把握をする。

2 NG事例

（1）いきなり小型ハードル数台を走り越えさせること。

（2）インターバルの距離を極端に狭くしたり、小型ハードルの高さを上げすぎたりすること。

（3）小型ハードルを走り越す正しい向きを確認しないこと。

3 場づくり

準備物／小型ハードル12台、メジャー1つ、ラインカー1台

(1)「習得の場」……小型ハードルをどんなリズムで跳べばよいか見つける。各コース1台から。

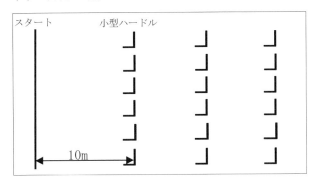
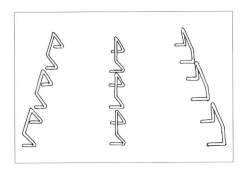

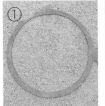

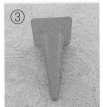

◀子供の実態に応じてコースの一部を、①ケンステップ、②マーカーコーン、③三角コーン、④段ボールを並べてもよい。

(2)「習熟度別の場……自分に合った小型ハードル間の歩数を見つける。

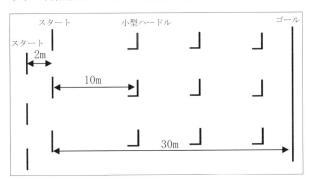

▲2人組で競走をする時、ハードルなしで走る子供は、スタート位置を2m後ろにする。

4 ミニコラム

　小型ハードル走は、スピードを落とさずに小型ハードルを越えた時や、小型ハードル間をリズミカルに走ることができた時に楽しみを感じる。しかし、運動が得意でない子供は、小型ハードルの前でスピードを落としてしまう。理由は、協応動作が苦手なことである。「走る」と「跳ぶ」の2つの動作を同時に行うことができない。

　解決策として運動遊び（川跳び、ケンパー跳び）で基礎感覚を養い、小型ハードルをいきなり数台走り越させるのではなく、1台を走り越すことから始める。恐怖心をなくすため扱う教具も、段ボール、ケンステップ、マーカーコーン、三角コーンなどを用いるとよい。

5 方法・手順

(1)「基礎感覚、基礎技能づくり」。

　①ケン・パー運動(「ケン・パ」「ケン・ケン・パ」「ケン・パ・ケン」のリズムで跳ぶ)。

　②川跳び(5mくらいの助走から踏み切り、やさしい距離からなんとか跳べる距離へ挑戦する)。

(2)「習得の場」……小型ハードルをどんなリズムで跳べばよいか見つける。

　③小型ハードルを様々なリズムで走り越す。

　「ト・ト・ト(低い)」「ト・ト・トン(やや低い)」

　「ト・ト・トーン(高い)」

　④小型ハードル1台を「ト・ト・トン」のリズムで走
　り越す(小型ハードルを走り越すことに慣れてき
　たら、小型ハードルを2台、3台に増やしていく)。

ト　ト　ト　　　　　ン

(3)「習熟度別の場」……自分に合った小型ハードル
　間の歩数を見つける。

　⑤小型ハードルを3～5歩で走り越す。

　⑥2人組で競走をする。ジャンケンをし
　て、勝った人は小型ハードル、負けた
　人は小型ハードルなしで走る。1回競
　走が終わったら、コースを変わる。

① ② ③　　① ② ③

6 コツ・留意点

(1)「ト・ト・トン」と声に出しながら走る。声を出
　すことで小型ハードル間の動きを合わせること
　ができる(グループの友達に声を出させること
　も可能)。

(2)やや低く走り越すため小型ハードルから遠い位
　置で踏み切る。

(3)前足と後ろ足の大腿部の角度が大きく開くよう
　跳ばせる。大腿部の角度が小さいとピョンと跳
　び上がるかたちになりスピードが落ちる。

7 この技でのチャンピオンは、ここまでできる!

ハードル間を同じ歩数で越え、リズムよく走ることができる。

30〜50m程度のかけっこ「小型ハードル走」

年　　組　　番（　　　　　　　　　）

レベル	内容	やり方	振り返り
1 ケン・パー運動 **技**と**自己評価**のポイント （ケン・パーのリズム3種類中） ◎→3種類できた／○→2種類できた／△→1種類できた		「ケン・パ」 「ケン・ケン・パ」 「ケン・パ・ケン」 に挑戦しよう	月　　日 ・ ・ ・ できばえ ◎ ○ △
2 川跳び 川跳びを練習する。 ◎→3m／○→2m／△→1m		踏み切った足と反対の足で着地しよう	月　　日 ・ ・ ・ できばえ ◎ ○ △
3 様々なリズムで走り越す 小型ハードルをリズムよく跳ぶ。 ◎→3種類で跳べる／○→2種類で跳べる／△→1種類で跳べる		「ト・ト・ト」「ト・ト・トン」「ト・ト・トーン」	月　　日 ・ ・ ・ できばえ ◎ ○ △
4 小型ハードルを走り越す 「ト・ト・トン」のリズムで走り越す。 ◎→3台走り越す／○→2台走り越す／△→1台走り越す		「ト・ト・トン」と声に出しながら走ってみよう	月　　日 ・ ・ ・ できばえ ◎ ○ △
5 3〜5歩で走り越す 小型ハードルを何歩で跳べるか練習する。 ◎→3歩／○→5歩／△→7歩		自分は何歩で跳んでいるか友達に見てもらおう	月　　日 ・ ・ ・ できばえ ◎ ○ △
6 小型ハードル競走 ジャンケンをして、勝った人は小型ハードル、負けた人は小型ハードルなし。◎→2連勝／○→1勝1敗／△→2連敗		ハードルなしのコースで走るとき、スタート位置を2m後ろにする	月　　日 ・ ・ ・ できばえ ◎ ○ △

―――――● 学習カードの使い方：できばえの評価 ●―――――

レベルの評価：◎よくできた／○できた／△もう少し
※振り返りには、「自分で気づいた点」と「友達が見て気づいてくれた点」の両方を書きます。

小型ハードル走

② 30〜40m程度の小型ハードル走

佐藤大輔

1 展開

（1）学習のねらい

　①小型ハードルを自分に合ったリズムで走り越えることができる。

　②小型ハードルを一定のリズムで走り越えることができる。

（2）学習のねらいを体現する発問・指示

　主体的な学びの発問・指示→どのコースが一番リズム良く走れますか。

　対話的な学びの発問・指示→一定のリズムで走るには、ハードルとハードルの間を何歩の歩数にするといいですか。ア）3歩　イ）4歩　ウ）5歩

　深い学びの発問・指示→低くまたぎ越すには、どんな工夫をしたらいいですか。ア）足をハードルに対して直角に出す　イ）足をハードルに対して斜めに出す

指示1　いろいろな高さのハードルがあります。全部のコースを試してごらんなさい。

発問1　どのコースが一番リズム良く走れますか。

発問2　一定のリズムで走るには、ハードルとハードルの間を、何歩の歩数にするといいですか。

　ア）3歩　イ）4歩　ウ）5歩

説明1　3歩や5歩だといつも同じ足で踏み切ることになるので、一定のリズムで走ることができますね。

発問3　ハードルを低くまたぎ越すには、どんな工夫をしたらいいですか。

　ア）足をハードルに対して直角に出す

　イ）足をハードルに対して斜めに出す

指示2　低く跳び越せているかどうかを友達に判定してもらいます。足の裏が見えたら合格です。

指示3　低く跳び越せているかどうかを先生が判定しします。5人の友達に合格をもらったら、先生の所にテストを受けにきなさい。

指示4　目標タイムを決めて、タイムを測ってごらんなさい。タイムが縮まるといいですね。

指示5　学習カードに、でき具合を記録します。

❶発問　どのコースが一番リズム良く走れますか。

評価の観点　跳びやすいコースを選ぶことができている。

↓

×は❶へ

❷発問　一定のリズムで走るには、何歩の歩数にするといいですか。

評価の観点　3歩か5歩の歩数でまたぎ越している。

↓

×は❷へ

❸発問　ハードルを低くまたぎ越すには、どんな工夫をしたらいいですか。

評価の観点　足をハードルに対して直角に出し足の裏が見えている。

↓

❹学習カードで評価する

□成果の確認をする。

□課題の把握をする。

2 NG事例

（1）身長に合わないハードルを無理やり跳んで、リズムを崩している（怖がっている時は、ハードルを低くする。また、低い障害物を跳ばせて自信をもたせる）。

（2）ハードルの向きを、反対に設置してしまう（安全確保のため、正しい向きで設置する）。

3 場づくり

　準備物／ハードル、ミニハードル、段ボール箱、カラーコーン、ボール、ケンステップ、各3個ずつ（但し、子供たちの数に応じて調整する）

（1）「基本の場」……いろいろな高さの障害物を跳び越す。低く跳びこす。

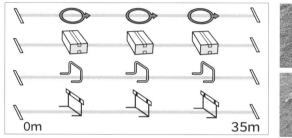

（2）「習熟度別の場Ⅰ」……跳びやすい歩数を試す。

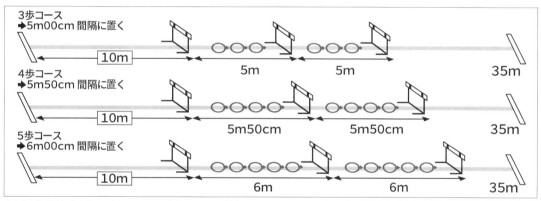

（3）「習熟度別の場Ⅱ」……低くまたぎ越す。タイムを計測する。

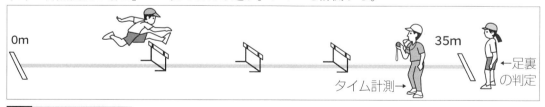

4 ミニコラム

　小型ハードル走は、ハードルをリズムよく走り越えていくことが重要である。とはいえ、ハードルに足をぶつけてしまうことへの恐怖心も考慮する必要がある。そこで、ハードルの高さの異なるコースを用意し、自分にあった高さを選ばせるとよい。何回も練習するうちに自分に合った高さが分かり、さらに自分なりのリズムを掴むことができる。ハードルの高さや踏み切り足など、条件を変えて、試させることで自分に合うリズム分かりやすくなる。

5 方法・手順

（1）「基本の場」……いろいろな高さの障害物を跳び越す。

　①ケンステップのコース　②ミニハードルのコース　③段ボールのコース

　④ハードルのコース　⑤カラーコーン（横倒し）のコース　⑥ボールのコース

　※④までで十分だが、余裕があれば、⑤⑥を用意してもいい。

（2）「習熟度別の場」……リズムよく走ることのでき
　　　る歩数を探す。

　①3歩、4歩、5歩の全コースを試し、自分の跳び
　　やすい歩数を探す。

　②同じ足で踏み切れているかどうか確かめる。

（3）歩数や足の置き場を分かりやすくするため、ケ
　　ンステップを置く。

（4）ハードルを低く跳び越す。

　①足をハードルに対して直角に出して、足裏を友達
　　に見せるようにする。

　②低く跳び越すことができているかどうかを友達に
　　判定してもらう（タブレットで撮影してもよい）。

　③複数の友達（5名程度）に合格をもらったら先生
　　に判定してもらう。

（5）目標タイムを決めて、チャレンジする。

　①35m走のタイムをもとに目標タイムを決めて、
　　チャレンジする。

足の裏が見えている 足の裏が見えていない

6 コツ・留意点

（1）振り上げ足を、ハードルに対して直角に出すと低く跳び越すことができる。

（2）踏み切り足を、毎回同じ足にして跳び越すと、リズムよく走り越えることができる。

7 この技でのチャンピオンは、ここまでできる！

　スピードを落とさずに、ハードルを低く跳び越すことができる。さらに、ハードルをいつも
同じ足で踏み切ることができ、リズムよく走り越すことができる。

▲左足で踏み切る場合： ⓪　　　1　　　2　　　3　 踏み切る
　　　　　　　　　　　　左　　　右　　　左

30〜40m程度の小型ハードル走

年　　組　　番（　　　　　　　　　　）

レベル	内容	やり方	振り返り
1 35m走	**技と自己評価のポイント** 35m走のタイムを計測する。 1回目（　　　　） 2回目（　　　　）	タイムを計測する	月　　日 ・ ・ ・ できばえ ◎ ○ △
2 いろいろな高さの障害物	◎→全部のコースを試し、自分の跳びやすいコースを選ぶことができた／○→全部のコースを試すことができた／△→よく分からない	跳びやすいコースを選ぶ	月　　日 ・ ・ ・ できばえ ◎ ○ △
3 跳びやすい歩数	◎→いつも同じ足で踏み切ることができた／○→いつも同じ歩数で踏み切ることができた／△→歩数が変わった	10m　5m　5m　35m 10m　5m50cm　5m50cm　35m 10m　6m　6m　35m ハードル間を同じ歩数で踏み切る	月　　日 ・ ・ ・ できばえ ◎ ○ △
4 振り上げ足の角度	足の裏が見えるように、ハードルに対して足を直角に出している。 ◎→先生に合格をもらった／○→5人以上の友達に合格をもらった／△→上手くできなかった	足の裏が見えている　足の裏が見えていない 足の裏が見えるか、判定する	月　　日 ・ ・ ・ できばえ ◎ ○ △
5 小型ハードル走タイム計測	◎→35m走タイム＋1秒以内にゴールできた／○→35m走タイム＋2秒以内にゴールできた／△→35m走タイム＋2秒以内にゴールできなかった	タイムを計測する	月　　日 ・ ・ ・ できばえ ◎ ○ △

◆ 学習カードの使い方：できばえの評価 ◆

レベル1〜5の評価：◎よくできた／○できた／△もう少し
※振り返りには、「自分で気づいた点」と「友達が見て気づいてくれた点」の両方を書きます。

幅跳び

① 短い助走からの幅跳び

本吉伸行

1 展開

（1）学習のねらい

　①3歩の助走で、力強く踏み切り、前方に跳ぶことができる。

　②膝を柔らかく曲げて、両足で着地することができる。

（2）学習のねらいを体現する発問・指示

　主体的な学びの発問・指示→遠くに跳ぶためには、どのように踏み切ればよいですか。

　対話的な学びの発問・指示→自分が片足踏み切り、両足着地で遠くまで跳べる助走は何歩ですか。

　深い学びの発問・指示→チームで高得点をとる作戦を考えましょう。

指示1　スキップ、ケンパーなどをリズムに合わせて行う。

指示2　立ち幅跳びをします。膝を曲げて着地しなさい（2人組。マット1枚縦向きで行う）。

指示3　根本式立ち幅跳びをします。
　①息をはき切り、膝を曲げます。
　②跳ぶ瞬間に息を吸います。

指示4　6人組。マットを2枚縦に並べます。

指示5　1歩助走。片足踏み切り、両足着地で跳びます（教師が見本を見せて行う）。

発問1　遠くに跳ぶためには、どんな風に踏み切ればよいですか？

指示6　2歩助走。片足踏み切り、両足着地で跳びます。同様に、3歩助走まで進める。

発問2　自分が片足踏み切り、両足着地で遠くまで跳べる助走は何歩ですか？

指示7　チームで高得点をとる作戦を考えましょう。

2 NG事例

（1）距離ばかりを意識して、踏み切りができない（ゆっくり、力強く踏み切るようにさせるとよい）。

（2）片足着地になる（まずは、少ない助走で両足着地を徹底する）。

❶基本の運動　立ち幅跳びを行う。

評価の観点　着地の時に、膝が曲がっているか。

❷発問　遠くに跳ぶためには、どのように踏み切ればよいですか。

評価の観点　踏み切り足を力強く、バンと踏み切っているか。

❸発問　自分が片足踏み切り、両足着地で遠くまで跳べる助走は何歩ですか。

評価の観点　自分で、助走を考えることができるか。自分で考えた助走で、片足踏み切り、両足着地ができるか。

❹指示　チームで高得点をとる作戦を考えましょう。

評価の観点　高得点をとる作戦を考えることができるか。

❺学習カードで評価する
□成果の確認をする。
□課題の把握をする。

3 場づくり

準備物／マット10枚、ケンステップやポイント5つ（6人×5班、30人学級を想定）

（1）「基本の場」……助走なしの立ち幅跳びを行う。

　①マット1枚とケンステップを図のように配置。

　②ケンステップの後ろに子供たちが並ぶ。

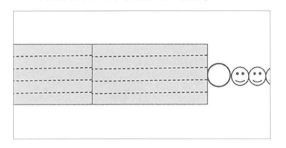

（2）「習熟度別の場Ⅰ」……1歩助走、2歩助走、3歩助走。

　①マット2枚を図のように縦に設置

　　ケンステップで踏み切りを行い、1歩助走、2歩助走、3歩助走と助走を増やす。

　　片足踏み切り両足着地を徹底。

（3）「習熟度別の場Ⅱ」……跳びの達人ゲームを行う。

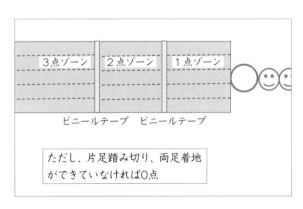

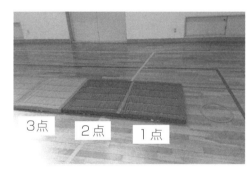

4 ミニコラム

　片足踏み切りというのは、体育の様々な場面で使われている。

　陸上では幅跳び、高跳び。球技でもバスケットボールのドリブルシュート。サッカーのシュートも片足踏み切りである。

　体育の授業の準備運動で、スキップやケンパーなどを行う理由は、片足踏み切りという動作をスムーズに行うようにすることがねらいとしてあるのだ。本単元『跳びの達人』でも、片足踏み切り、両足着地に焦点を絞った展開が行えるように、ルールを工夫している。

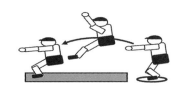

5　方法・手順

（1）基本の場

　　①マット1枚の場で、立ち幅跳びを行う。

（2）「習熟度別の場Ⅰ」……1歩助走、2歩助走、3歩助走。

　　①1歩助走片足で踏み切り、両足着地ができる
　　　ように練習する。

　　②2歩助走片足で踏み切り、両足着地ができる
　　　ように練習する。

　　③3歩助走片足で踏み切り、両足着地ができる
　　　ように練習する。

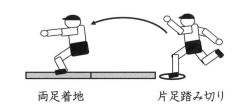

両足着地　　　　　片足踏み切り

　　※②の段階でマットを2枚に増やす。

（3）「習熟度別の場Ⅱ」……跳びの達人ゲームを
　　　　行う。

　　①1点ゾーン、2点ゾーン、3点ゾーンを理解
　　　する。

　　②片足踏み切り、両足着地ができていなければ
　　　点数が入らないことを理解する。

3点ゾーン 2点ゾーン 1点ゾーン

　　③自分にあった踏み切り方法をチームで検討する。

　　④跳びの達人ゲームを行う。

　　クラスの実態に応じて、個人対決をしたり、班対抗にしたりして、ゲームを行う。

6　コツ・留意点

【留意点】

子供はどうしても高い得点を目指したがるが、片足踏み切り、両足着地ができないと、点数
が入らないことを伝え、片足踏み切り、両足着地を徹底させる。

【コツ】

どうしてもできない子供には、助走をゆっくりさせて、できるようにさせる。

7　この技でのチャンピオンは、ここまでできる！

　　3、4年生で最も跳べる子は、3歩助走で3点ゾーンまで跳ぶことができる。

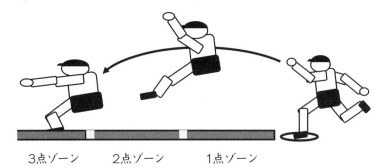

3点ゾーン　　　2点ゾーン　　　1点ゾーン

短い助走からの幅跳び

年　　　組　　　番（　　　　　　　　　　　）

レベル	内容	やり方	振り返り
1 立ち幅跳び 技（わざ）と自己評価（じこひょうか）のポイント ◎→足を柔らかく曲げて跳ぶ ○→足を曲げて着地できる △→足が曲がらない着地			月　　　日 ・ ・ ・ できばえ ◎ ○ △
2 1歩助走 ◎→片足踏み切り、両足着地ができる ○→片足踏み切りができる △→両足踏み切り、片足着地になる		両足着地　　　片足踏み切り	月　　　日 ・ ・ ・ できばえ ◎ ○ △
3 3歩助走 ◎→強い踏み切り、柔らかな着地ができる ○→リズムよく踏み切りができる △→両足踏み切り、片足着地になる	3歩助走 両足着地　　　片足踏み切り		月　　　日 ・ ・ ・ できばえ ◎ ○ △
4 5歩助走 ◎→リズミカルな踏み切り着地ができる ○→強く踏み切ることができる △→スピードが落ち、着地が不安定	5歩助走 両足着地　　　片足踏み切り		月　　　日 ・ ・ ・ できばえ ◎ ○ △
5 跳びの達人 友達とゲームをして練習する。 ◎→踏み切り着地ができている／ ○→踏み切りができている／ △→踏み切り、着地ができていない	3点ゾーン 2点ゾーン 1点ゾーン 片足踏み切り、両足着地が できなかった場合は、0点です		月　　　日 ・ ・ ・ できばえ ◎ ○ △

● 学習カードの使い方：できばえの評価 ●

レベルの評価：◎よくできた／○できた／△もう少し
※同じ班の友達、先生に見てもらい、できばえ（◎・○・△）にチェックをしましょう。
※振り返りには、「自分で気づいた点」と「友達が見て気づいてくれた点」の両方を書きます。

167

高跳び

① 短い助走からの高跳び

大貝浩蔵

1 展開

（1）学習のねらい

　①短い助走から強く踏み切って高く跳ぶことができる（3歩助走、5歩助走）。

　②自己に適した課題や動きの工夫を友達に伝えることができる。

（2）学習のねらいを体現する発問・指示

　主体的な学びの発問・指示→スピードが出て、跳びやすい助走は3歩と5歩のどちらですか

　対話的な学びの発問・指示→跳ぶ時や着地する時、どこを見ていますか。

　深い学びの発問・指示→踏み切る時、足は広くした方がいいですか、狭くした方がいいですか。

指示1	3人組をつくります。つくったら、1人がゴムを取りに来ましょう。残りの2人でマットを用意しましょう。
説明1	3人組で走高跳びを行います。必ず足で着地しなければなりません。
指示2	短い助走で高く跳びます。
発問1	スピードが出て、跳びやすい助走は3歩と5歩のどちらですか。
指示3	膝の高さのゴムを跳んでみましょう。難しければ、足首の高さでもOKです。
指示4	強く踏み切って、高く跳びます。
発問2	踏み切る時、足は広くした方がいいですか。狭くした方がいいですか。
指示5	同じように、ゴムを跳んで比べてみましょう。できそうな人は、ゴムを腰の高さにして挑戦しましょう。
発問3	跳ぶ時や着地する時、どこを見ていますか。
指示6	友達の動きをよく見て、お互いに教えてあげましょう。
説明2	ゴムを見ながら跳ぶと、体を上手にひねることができ、上手に着地することができます。安全に走高跳びに取り組むためには、よくゴムを見て跳びましょう。

❶場づくりをする　3人組でゴムとマットの場をつくる。

↓

❷発問　スピードが出て、跳びやすい助走は3歩と5歩のどちらですか。

評価の観点　自分にあった助走歩数を選ぶ。

↓

❸発問　踏み切るとき、足は広くした方がいいですか。狭くした方がいいですか。

評価の観点　狭くした方がいいことに気づく。

×は❷へ

↓

❹発問　跳ぶ時や着地する時、どこを見ていますか。

評価の観点　ゴムを見ると、安全に跳ぶことができることに気づく。

×は❸へ

↓

❺学習カードで評価する

□成果の確認をする。

□課題の把握をする。

2 NG事例

（1）助走距離を自由にさせてしまうと、つい長い距離をとってしまい、跳ぶことに集中できなくなる。3歩か5歩と指定する方が跳ぶ技能を高めることができる。

（2）最初から走高跳び用マットを使用すると、足からの着地を十分意識できない。最初は、普通のマットを使用すると、自然と足からの着地となる。

3 場づくり

準備物／ゴム（衣類用）、マット、輪（1グループに3個）、高跳び用マット、コーン、バー

（1）「基本の場」……体育館の周囲に広がって、1枚のマットを3〜4人が使って練習する。

（2）「習熟度別の場」……体育館後方に、高跳用のマットを用意する。

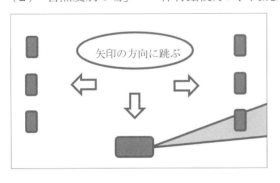

※高跳び用のマットの前にコーンを置き、それを跳び越えることから取り組む。その後、コーンはそのままでゴムを張り、跳び越えるようにする。最後はコーンを取り、徐々に走高跳びに近付ける。

4 ミニコラム

中学年の子供に高跳びに取り組むことを伝えると、みんな大喜びをする。「楽しみ！」「早くしたい！」とワクワクしている。何かを跳ぶこと自体に魅力を感じているようだ。だからこそ、安全面の指導を第一に考えて取り組まなければならない。足からの着地を十分意識させること、無謀な高さに挑戦させないことが大事である。さらに、跳び方のイメージをイラスト等で示すとよりよい。

5 　方法・手順

（1）短い助走で跳ぶ。

　　①足首の高さを跳ぶ。

　　②膝の高さを跳ぶ。

　　③腰の高さを跳ぶ。

　　※場合によっては、膝下や膝上の高さでもよい。

（2）力強い踏み切りをするには、どうするか考える。

　　①同じ歩幅で跳ぶ。

　　②踏み切りの音を大きくして跳ぶ。

　　③歩幅を狭くしたり、広くしたりして跳ぶ。

　　④踏み切り足が広くなるように跳ぶ。

　　※何度も跳んで体感したり、友達の跳んでいる様子を見

　　　たりして、グループで考える。

（3）力強い踏み切りをするには、踏み切り足が広くなる

　　　ように跳ぶとよいことが分かる。

（4）安全に跳ぶには、どこを見て跳べばよいか考える。

　　①奥のマットを見ながら跳ぶ。

　　②上を見ながら跳ぶ。

　　③バーを見ながら跳ぶ。

　　※どこを見て跳べばよいかをグループで話し合いながら取り組む。

（5）バーを見ながら跳べば、体が半回転して、足で着地しやすく、安全であることが分かる。

（6）短い助走で高跳び（40cm、50cm、60cm）をして、競技へとつなげる。

6 　コツ・留意点

　子供たちは、目を離すと助走距離を長くしようとする。高跳びは跳ぶ学習である。【短い助走】【踏み切るときの足は広く】【バーを見る】の3つを常に振り返りながら指導していくと、安全に楽しく学習することができる。上手な子には、【足を振り上げる】ことを教えることで、はさみ跳びにつなげることができる。

7 　この技でのチャンピオンは、ここまでできる！

バーを見続ける。

3歩か5歩の短い助走で跳ぶ。踏み切る時の足は広くする。

中学年でも1mを跳べる子もいる。

短い助走からの高飛び「走り高飛び」

年　　　組　　　番（　　　　　　　　　　　　）

レベル	内容	やり方	振り返り
1 短い助走で跳ぶ 技(わざ)と自己評価(じこひょうか)の**ポイント** 【ゴム】 短い助走の練習をする。 ◎→腰の高さが跳べる ○→膝の高さが跳べる △→足首の高さが跳べる		２人がゴムを持ち、１人が跳ぶ	月　　　日 ・ ・ ・ できばえ ◎　○　△
2 力強く踏み切る 【ゴム】 力強い踏み切りの練習をする。 ◎→踏み切るときの足は広く ○→踏み切るときの音は大きく △→ただ踏み切る		歩幅を変えて跳ぶ	月　　　日 ・ ・ ・ できばえ ◎　○　△
3 安全な跳び方で跳ぶ 【ゴム or バー】 安全な跳び方について考える。 ◎→着地までバーを見ていた ○→踏み切るときバーを見ていた △→バーを見ていない		どこを見ると着地しやすいか	月　　　日 ・ ・ ・ できばえ ◎　○　△
4 短い助走で高跳び① 【バー】 短い助走で高跳びをする。 ◎→ 60cmを跳ぶ ○→ 50cmを跳ぶ △→ 40cmを跳ぶ		短い助走で記録に挑戦する	月　　　日 ・ ・ ・ できばえ ◎　○　△
5 短い助走で高跳び② 【バー】 短い助走で高跳びをする。 ◎→安全に70cmを跳ぶ ○→安全に60cmを跳ぶ △→足で着地ができない		安全を意識して、記録に挑戦する	月　　　日 ・ ・ ・ できばえ ◎　○　△

→ 学習カードの使い方：できばえの評価 ←

レベル１～５の評価： ◎よくできた／○できた／△もう少し
※振り返りには、「自分で気づいた点」と「友達が見て気づいてくれた点」の両方を書きます。

短距離・リレー

①40〜60m程度の短距離走

表 克昌

1 展開

（1）学習のねらい

①体を軽く前傾させて、全力で走ることができる。

②自己の課題に応じた言葉を選んだり、伸びや変化を伝えたりすることができる。

③安全に気を付けて、短距離走に積極的に取り組む。

（2）学習のねらいを体現する発問・指示

主体的な学びの発問・指示→AとBでは、どこが違いますか。

対話的な学びの発問・指示→どの言葉で走るといいですか。

深い学びの発問・指示→自分に合った言葉で走りなさい。

説明1 速く走るためには、基本となる形「ベースポジション」があります。	**❶発問** AとBでは、どこが違いますか。 **評価の観点** 正しい姿勢が理解できている。
発問1 写真を見て、AとBではどこが違いますか。 　●姿勢が悪い　●見ているところが違う 　●足首が曲がっている	↓
説明2 50m走にも「はじめ」「中」「終わり」があります。	**❷発問** 「はじめ」の加速場面では、どの言葉で走るとよいでしょうか。 **評価の観点** 力強いスタートができる。
発問2 「はじめ」の加速場面では、どの言葉で走るとよいでしょうか。 　A：タッ・タッ・タッ　　B：グイ・グイ・グイ　　C：（膝を）前・前・前	×は❷へ
指示1 A・B・Cの言葉を試してみます。（試した後で）どの言葉がよかったですか？	**❸発問** 「中」の中間疾走では、どの言葉で走るとよいでしょうか。 **評価の観点** スピードに乗った中間疾走ができる。
発問3 「中」の中間疾走では、どの言葉で走るとよいでしょうか。 　A：ホッ・ホッ・ホッ　B：ポン・ポン・ポン　C：ガブ・ガブ・ガブ	×は❸へ
指示2 A・B・Cの言葉を試してみます。（試した後で）どの言葉がよかったですか？	**❹発問** 「終わり」のラストスパートでは、どの言葉で走るとよいでしょうか。 **評価の観点** スピードを落とさずに走りきる。
発問4 「終わり」のラストスパートでは、どの言葉で走るとよいでしょうか。 　A：サッ・サッ・サッ　　B：ピュン・ピュン・ピュン　　C：シュン・シュン・シュン	↓ **❺学習カードで評価する** □成果の確認をする。 □課題の把握をする。

指示3 A・B・Cの言葉を試してみます。（試した後で）どの言葉がよかったですか？

指示4 学習カードに記録を書き、自分やチームの反省を書きます。

2 NG事例

（1）ただ、何回も50mを走らせる。

（2）タイムの速い子供だけを褒める。

3 場づくり

準備物／カラーコーン（8個）、巻き尺　※カラーコーンは両サイドに置く

　　　　　　人数に応じて、列を増やして行う。往復で利用すると効率的である。

（1）「基本の場」

準備運動をし、ベースポジションの確認をする。

- 上下に10回もも上げをする。
- 足首を前後に10回振る。

（2）「習熟過程の場」

「はじめ」（加速場面）10m走

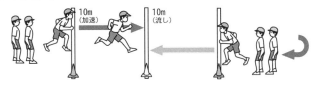

| A：タッ・タッ・タッ |
| B：グイ・グイ・グイ |
| C：前・前・前 |

「中」（中間走）　30m走

| A：ホッ・ホッ・ホッ |
| B：ポン・ポン・ポン |
| C：ガブ・ガブ・ガブ |

「終わり」（ラストスパート）　50m走

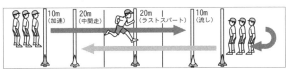

| A：サッ・サッ・サッ |
| B：ピュン・ピュン・ピュン |
| C：シュン・シュン・シュン |

4 ミニコラム

　運動能力とオノマトペには密接な関係がある。例えば、次の6つの要素に合わせてオノマトペを使うことでよいパフォーマンスを引き出すことができる。①パワー、②リズム、③スピード、④タイミング、⑤フォーム、⑥リラックス。詳しくは、藤野良孝氏の書籍（※）を見ていただきたい。

　陸上運動に、オノマトペを取り入れて有名になったのが、川本和久氏の「ポン・ピュン・ラン」である。今回も「グイ・グイ」「ポン・ポン」「ピュン・ピュン」を取り入れてみた。しかし、子供たちの反応は様々であった。試しながら、子供たちに合ったオノマトペを見つけてほしい。

　また、「ベースポジション」は、走り方革命の和田賢一氏の言葉である。YouTubeで検索するとたくさんの動画が出てくるので参考にしてほしい。

　運動には、「はじめ」「中」「終わり」の局面が考えられる。それを、オノマトペの力を借りて、よりよい動きを引き出しパフォーマンスの向上を図った。

※参考文献：藤野良孝『運動能力がアップする「声の魔法」①──声の魔法の秘密』（くもん出版）

5 方法・手順

（1）基本の姿勢（→学習カード レベル1）。

A　　　B

①最初の記録をとり、「ベースポジション」について説明を聞く。

②AとBではどこが違うか考え、よい姿勢について知る。

③ベースポジションの姿勢を確認する。（個別評定）

④基本の姿勢でももを上下、足首を前後にふる練習を行う。

（2）力強い加速（→学習カード レベル2）。

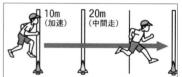

①50m走にも「はじめ」「中」「終わり」があることを知る。

②「はじめ」の「加速」する場面では、どのオノマトペがいい
　か予想する。

③実際に「加速」の場で試してみる。

④○○○○の言葉で走るとよいことが分かる。

（3）リズミカルな中間疾走（→学習カード レベル3）。

①「中」の中間疾走では、どのオノマトペで走るとスピー
　ドに乗るか予想する。

②実際に「中間疾走」の場で試してみる。

③○○○○の言葉で走るとよいことが分かる。

（4）最後まで走りきるラストスパート（→学習カード レベル4）。

①「終わり」の「ラストスパート」場面では、どのオノマトペがいいか予想する。

②実際に「ラストスパート」の場で試してみる。

③○○○○の言葉で走るとよいことが分かる。

（5）ビフォーアフターの比較（→学習カード レベル5）。

①2回目の記録を取る。②最後に振り返りカードを書く。

6 コツ・留意点

（1）単に言葉を教えるのではなく、どのような動きをするとが大事なのかを押さえ、その動きをす
　るために適切な言葉はどれか体験させる。「加速場面」では顔を上げず、腕を振り、力強く加
　速する。「中間疾走」ではゴールを見て、リズムよくスピードに乗る。「ラストスパート」ではゴー
　ルを見て、腕を振って走り抜ける。

（2）教師の示した3つ以外にも自分で新しい言葉を考えさせることで、より深い学びにつながる。

7 この技でのチャンピオンは、ここまでできる！

はじめ（加速）、中（中間疾走）、終わり（ラストスパート）を意識した走りができる。

スタート　　　　（加速）（中間疾走）　　（ラストスパート）ゴール

40〜60m程度の短距離走 「オノマトペで短距離走」

年　　組　　番（　　　　　　　　　　　　　）

レベル	内容	やり方	振り返り
1	**基本の姿勢** **技（わざ）と自己評価（じこひょうか）のポイント** ベースポジションをマスターする。 ◎→上下に10回（左右）前後に10回（左右）／○→上下に8回（左右）前後に8回（左右）／△→上下に6回（左右）前後に6回（左右）	正しい姿勢で練習する	月　　　日 ・ ・ ・ できばえ ◎ ○ △
2	**加速場面（10m）** 力強くスタートすることができた。◎→顔を上げずにできた／○→加速できた／△→顔が上がった	「　　　　　　」で力強く走る 「　」には自分に合う言葉を入れよう	月　　　日 ・ ・ ・ できばえ ◎ ○ △
3	**中間疾走（20m）** スピードに乗って走ることができた。◎→リズムよく前を見て／○→スピードを落とさず／△→下を見ている	「　　　　　　」でリズミカルに走る 「　」には自分に合う言葉を入れよう	月　　　日 ・ ・ ・ できばえ ◎ ○ △
4	**ラストスパート（20m）** 最後まで走りきることができた。◎→スピードを落とさず走り抜けた／○→走り抜けた／△→スピードが落ちた	「　　　　　　」で最後まで走る 「　」には自分に合う言葉を入れよう	月　　　日 ・ ・ ・ できばえ ◎ ○ △
5	**記録の伸び** 最初の記録と比べる。◎→0.5秒以上記録が伸びた／○→0〜0.5秒未満／△→記録が伸びなかった	はじめの記録　　　　秒 終わりの記録　　　　秒 記録の伸び　　　　秒	月　　　日 ・ ・ ・ できばえ ◎ ○ △

学習カードの使い方：できばえの評価

レベル2〜4の評価：◎よくできた→自分に合う言葉を見つけ、ねらいが達成できた／○できた→ねらいが達成できた／△もう少し→ねらいが達成できなかった
※振り返りには、「自分で気づいた点」と「友達が見て気づいてくれた点」の両方を書きます。

短距離・リレー

② いろいろな距離でのリレー

澤村直樹

1 展開

（1）学習のねらい

　①減速の少ないバトンパスができる。

　②仲間と助け合い、積極的に楽しく活動する態度を身につける。

（2）学習のねらいを体現する発問・指示

　主体的な学びの発問・指示→バトンを落とさないで受渡しをするには、どうしたらよいですか。

　対話的な学びの発問・指示→バトンの受渡しを上手にできる友達の動きは、どこがよいですか。

　深い学びの発問・指示→スピードを落とさないバトンパスは、どのようにしたらよいですか。

指示1	バトン受渡し練習をします。2人1組。15秒で何回できますか。スタート。
指示2	ドンスタートをします。5人列。気をつけ。ドン（スタート姿勢を様々変える）。
説明1	これからワープリレーをします。①5人1組で約50m走ってリレーします。②テークオーバーゾーンでバトンパスします。③ワープする場所や走る順番は班で決めます。
指示3	コーンで折り返すワープリレーをします。
発問1	バトンを落とさないで受渡しをするには、どうしたらよいですか。
指示4	今考えた工夫を班で練習しましょう。
指示5	2回目のワープリレーをします。
発問2	バトンの受渡しを上手にできる友達の動きは、どこがよいですか。
指示6	友達の動きを参考にして、練習しましょう。
指示7	次はトラックを使ったワープリレーをします。
指示8	走る順番・バトンパスする場所を工夫しよう。
指示9	作戦を立てた方法で走りましょう。
発問3	スピードを落とさないバトンパスは、どのようにしたらよいですか。
指示10	練習して確かめましょう。
指示11	学習カードで振り返りをします。
指示12	授業で使った道具を片付けましょう。

❶基本の運動　短距離走・リレーの基本的な運動を行う。

↓

❷場づくり　5人1組。兄弟班（計10人）で交互に走る。

↓

❸発問　バトンを落とさないで　受渡しをするには、どうしたらよいですか。

評価の観点　もらう方、渡す方の工夫を考えられるか。

×は❸へ

↓

❹発問　バトンの受渡しを上手にできる友達の動きは、どこがよいですか。

評価の観点　前後の走力を考えた作戦を立てられたか。

×は❹へ

↓

❺発問　スピードを落とさないバトンパスは、どのようにしたらよいですか。

評価の観点　バトンを受渡す手を変えるなど工夫できるか。

2 NG事例

（1）チームの走力差が大きくならないようにする。

（2）練習する回数・距離によっては疲れて成果が出なくなってしまうので気を付ける。

（3）勝敗のみでタイムがおろそかにならないよう記録も大事にする。

3 場づくり

　準備物／カラーコーン（1レーン5個×4チーム分）、バトン、ビブス、ストップウォッチ

（1）「基本の場」……『折り返しコーンワープリレー』

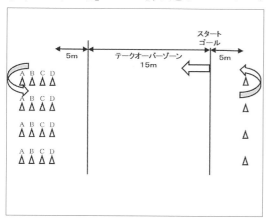

　※ABCDの決められたコーンとスタート後方のターンをちょうどトラックのように走る。

　※第2走者以降は、後方コーンより後ろに並んで待つ。

　※前の走者がテークオーバーゾーンに入ったら次の走者がスタートラインに進み、待つ。

（2）「習熟の場」……『トラックワープリレー』

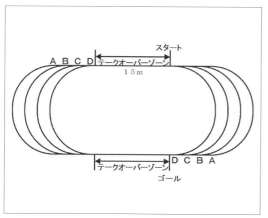

4 ミニコラム

　陸上大会などに使用される400mトラックリレーではバトンを持ち替えない。コーナーの走者は右手にバトンを持ってレーンの内側を走り、直線の走者は左手にバトンを持ってレーンの外側を走る。こうするとレーンの最短距離を走ることができる。またコーナーの走者が右手にバトンを持つことで右手を大きく振れることになり体を内側に傾けやすくなる。

5 方法・手順

（1）バトンパス練習をする（2人1組。パス→回転→パスを繰り返す）。

（2）ワープリレーをする。

　①5人1組。それぞれワープして走るコースを選ぶ（ABCDD）。

　②走る順番やバトンパスする場所はチームで決める。

　③50mの記録をもとに8チームを決め、青A・青Bなど兄弟班をつくる。

（3）バトンパスの方法、バトンを渡す場所などタイムが早くなるよう工夫する。

（4）学習カードで振り返る。

（5）コーン、バトンなど片付ける。

　※考慮しても走力差が大きい場合、ワープコースで調節することもできる。

　（例）一番遅いチームは、Aを無くしてBBCDDのコースで走る。

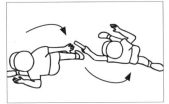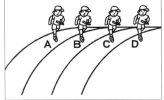

6 コツ・留意点

（1）【バトンをもらう方】

　①もらう手の手のひらは相手に向け、親指は下を向ける。

　②もらう手は、肩の高さまで上げる。

　③前の走者がマーク（赤玉・コーンなど）に来たら後ろを見ずに走る。

　④前の走者の「ハイ」でもらう手を上げる。

　⑤受け取ったらすぐ反対の手に持ち替える。

（2）【バトンを渡す方】

　①バトンは、端を持って渡す。

　②バトンを渡す時は、「ハイ」と声に出す。

　③バトンは後の走者の手のひらに押し付けるように渡す。

　④バトンを渡し終わるまで、次の走者を追い抜くつもりで走る。

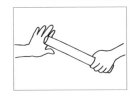

7 この技でのチャンピオンは、ここまでできる！

　利得距離（バトン受渡し時の走者と走者の間の距離）を長くするため、渡す方、受ける方ともに腕を水平方向にまっすぐ伸ばしてバトンパスができる。

利得距離

いろいろな距離でのリレー

年　　組　　番（　　　　　　　　）

レベル	内容	やり方	振り返り
1	バトンの受渡しの練習 技（わざ）と自己評価（じこひょうか）の**ポイント** （手のひらを相手に向け親指を下に／「ハイ」で手を上げる／手を肩まで上げる）◎→3つできた／○→2つできた／△→1つできた		月　　　日 ・ ・ ・ できばえ ◎ ○ △
2	**スタートの練習** ◎→目印で前向いて全力で走る ○→目印で全力で走る △→目印で走る	目印場所は前の走力によって変わる	月　　　日 ・ ・ ・ できばえ ◎ ○ △
3	作戦1 「コース・走順」 ◎→コース・走順両方を工夫する ○→コース・走順どちらか工夫する △→両方できない	A B C D 得意な子はどちらがいいか、など	月　　　日 ・ ・ ・ できばえ ◎ ○ △
4	友達の良いところ ◎→3つ分かる ○→2つ分かる △→1つ分かる	班で相談してもよい	月　　　日 ・ ・ ・ できばえ ◎ ○ △
5	作戦2 「スタート位置」 ◎→バトンパスと走力を考える ○→走力を考える △→テークオーバーゾーン内で	スタート位置・受渡し位置、など	月　　　日 ・ ・ ・ できばえ ◎ ○ △
6	より早く走る作戦 ◎→2つ考える ○→1つ考える △→作戦を相談する	バトンパスは右か左か、など	月　　　日 ・ ・ ・ できばえ ◎ ○ △

学習カードの使い方：できばえの評価

レベルの評価： ◎よくできた／○できた／△もう少し

それぞれのレベルに合わせて◎○△があります。当てはまるものに○をしましょう。

※振り返りには、「自分で気づいた点」と「友達が見て気づいてくれた点」の両方を書きます。

179

ハードル走

①40〜50m程度のハードル走 その1

樋山結斗

1　展開

（1）学習のねらい

①ハードルを決めた足で踏み切って走り越えることができる。

②ハードルをリズミカルに走り越えることができる。

（2）学習のねらいを体現する発問・指示

主体的な学びの発問・指示→自分のリズムに合ったインターバルを見つけよう。

対話的な学びの発問・指示→○○さんの動きはどこがよいかな。

深い学びの発問・指示→自分の40m走タイムに近づけるにはどうしたらよいかな。

指示1　40m走、はじめのタイムを計ります。これから、ハードル走の学習をします。今計った40m走タイムにできるだけ近づけられるようにしましょう。

指示2　小型ハードルを全力で走り抜けます。

指示3　2人組でハードル1台。正面から見て、足の裏が見えていたら「合格」です。

説明1　膝が伸びて、低く走り越えられます。

発問1　○○さんのハードル走は、とっても上手です。先生と比べてどこが上手ですか。

説明2　ハードルに対して、踏み切りと着地が2：1になるようにします。よりスピードに乗って走り越えることができます。

指示4　3人組。踏み切りと着地をチェックします。見ている1人が紅白玉を踏み切った場所に、もう1人が着地した場所に紅白玉を置きます。2：1になるように走り越えます。

発問2　障害物がないかのように○○さんは走り越えています。頭の位置はどうなっていますか。

説明3　頭を上下させないで走り越えると、40m走の走り方により近づきます。

2　NG事例

（1）初めから高いハードル走を走らせる。

（2）ハードルを「跳び越す」と表現する。

（3）踏み切り：着地＝2：1にばかり意識がいき、着地後の1歩でリズムが崩れる。

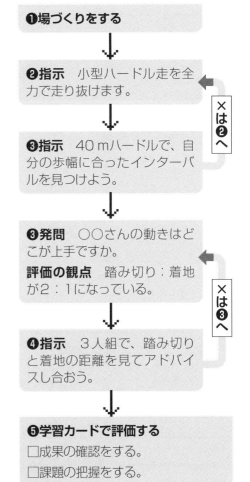

❶場づくりをする

↓

❷指示　小型ハードル走を全力で走り抜けます。

×は❷へ

↓

❸指示　40mハードルで、自分の歩幅に合ったインターバルを見つけよう。

↓

❸発問　○○さんの動きはどこが上手ですか。

評価の観点　踏み切り：着地が2：1になっている。

×は❸へ

↓

❹指示　3人組で、踏み切りと着地の距離を見てアドバイスし合おう。

↓

❺学習カードで評価する

□成果の確認をする。

□課題の把握をする。

3 場づくり

準備物／スズランテープ６色、ハードル、４台×レーン数　※児童数÷２はあるとよい。

- 第１ハードルまでは 10 m
- インターバルは、5 m、5.5 m、6 m、6.5 m の４種類。
- １レーンにつき、各インターバルのスズランテープを地面に打ち付けておく。

（１）「習得の場」……『小型ハードル走』

　高学年のハードル走であっても、初めからハードルを設置しない。ハードルは高さもあり、「引っ掛かりそう」「怖い」という恐怖心をもつ子供もいる。

　そこで、小型ハードルを全力でリズムよく走り抜けることを経験させ、自分の走りに合ったインターバルを見つけさせる。

※インターバルは、何度も変更することができることを伝える。

（２）「活用・探究の場」……『40mハードル走』

　5 m、5.5m、6 m、6.5mのインターバルのレーンを設定する。

　子供の希望する人数に応じて、変更することができたり、準備が早くできたりするように、事前に全てのコースに全てのインターバルのマークをつけておく。

4 ミニコラム

　ハードル走は、途中にハードルという障害物が置いてある障害物走である。最終的な目標は、フラットな状態で走ったタイムにいかに近づけるかということだ。フラットな40m走タイムをはじめに計り、そのタイムとの差をポイント制にする。さらに、班でポイントを合計し、一番少ない班が勝ちなどの班対抗にすることもできる。班対抗にすることで、友達との教え合いが自然と行われるようになる。

ブレーキがかかる

地面を蹴り、次の１歩へ

　踏み切りと着地がなぜ２：１なのか。これも「短距離走」ということで考えていけば分かりやすい。ハードルを走り越えた位置から着地が遠くなればなるほど、着地した時にブレーキがかかることになる。抜き足の着地が近くなるということは、足を素早く振り下ろしているということになり、地面を力強く蹴ることにつながる。

1 体つくりの運動遊び／体つくり運動

2 走・跳の運動遊び／陸上運動

5 方法・手順

（1）40m走タイム計測：タイムを計測し、個人の目標とする。

（2）小型ハードル走：5ｍ、5.5ｍ、6ｍ、6.5ｍのインターバルを全力で走り、自分の走りに合ったインターバルを見つけさせる。

（3）40mハードル走：

　①振り上げ足の指導「足の裏が見えたら合格です」

　②踏み切りと着地の指導「踏み切りと着地が2：1になるように走り越えましょう」

　③走り越えの指導「頭が上下しないように走り越えましょう」

（4）40mハードルリレー：

　①チーム対抗（チームで今日のインターバルを決める）。

　②アンカーは折り返し地点で待つ。

　③スタートの合図で、第1走者Aがハードルを走り越え、折り返し地点のアンカーDにタッチする。

　④Dは、一直線に戻ってきて、第2走者Bにタッチする。

　⑤Bは、ハードルを走り越え、折り返し地点のAにタッチする。

　⑥Aは、一直線に戻ってきて、第3走者Cにタッチする（以下、同様）。

　⑦アンカーDがハードルを走り越え、ゴールした順位を競う。

6 コツ・留意点

（1）振り上げ足の指導や踏み切りと着地の指導は、ハードル1台から2台程度で行う。毎回4台とも走り越えていると、子供たち同士で見合うことができなくなる。

（2）1時間の中で、必ず40mハードル走を走り抜ける機会を設ける。初期段階だからと言って、1台や2台のみで練習をしていると、リズムを身につけることができない。

（3）1回あたりのハードリング技術を身につけさせることも大切だが、それよりも、リズムを崩さずに40mを走り抜けさせることが重要である。

7 この技でのチャンピオンは、ここまでできる！

横から見た時に、頭の位置が上下することなく、一直線になっている。

40〜50m程度のハードル走 その1

年　　　組　　　番（　　　　　　　　　　　）

レベル	内容	やり方	振り返り
1 ミニハードル 技(わざ)と自己評価(じこひょうか)のポイント ◎→全力で走り抜けられる ○→ハードル前でスピードが落ちる △→止まってしまう	ハードルがないときのように、全力で走り抜ける	月　　　日 ・ ・ ・ できばえ ◎ ○ △
2 ハードル1台 ◎→全力で走り抜けられる ○→ハードル前でスピードが落ちる △→止まってしまう	ミニハードルと同じように、全力で走る	月　　　日 ・ ・ ・ できばえ ◎ ○ △
3 リズムよく 40mハードル走 ◎→スピードを落とさず走り抜けられる／○→自分に合ったインターバルを見つけ、リズムよく走れる／△→同じ歩数で走れない	スタート　　　　ゴール 3歩（5歩）でリズミカルに走り抜ける	月　　　日 ・ ・ ・ できばえ ◎ ○ △
4 踏み切りと着地 ◎→2台のハードルを2:1で走り越えることができる／○→1台のハードルを2:1で走り越えることができる／△→2:1で走り越えることができない	踏み切りと着地がハードルから2：1になるように走り越える	月　　　日 ・ ・ ・ できばえ ◎ ○ △
5 走り越え ◎→頭を上下させずに40mハードルを走り抜けることができる／○→1台のハードルを、頭を上下させるに走り越えることができる／△→頭が上下する	頭を上下させずに走り越える	月　　　日 ・ ・ ・ できばえ ◎ ○ △

● 学習カードの使い方：できばえの評価 ●

レベル1〜3の評価： ◎よくできた→全力でできる／○できた→スピードが落ちる／△もう少し→走り抜けられない

レベル4〜5の評価： ◎よくできた→複数台のハードルでできる／○できた→1台のハードルでできる／△もう少し→できない

※振り返りには、「自分で気づいた点」と「友達が見て気づいてくれた点」の両方を書きます。

ハードル走

②40～50m程度のハードル走 その2

髙玉ひろみ

1 展開

（1）学習のねらい

　①ハードルをリズミカルに走り越えることができる（「低く」「速く」「リズムよく」）。

　②インターバルを3歩または5歩で走ることができる。

（2）学習のねらいを体現する発問・指示

　　主体的な学びの発問・指示→ハードル走を速く走るためには、ハードルをどのように走り越えるのがよいですか。〔A：高く　B：低く〕

　　対話的な学びの発問・指示→スピードを落とさず走り越えるためには、どこから踏み切ると良いですか。〔(自分の足の長さを基準に) A：近く　B：遠く〕

　　深い学びの発問・指示→速く走るには、どうしたらよいですか。

指示1　ハードルを準備します（2人に1台）。ハードルは、足の出ている方から走って跳びます。

発問1　ハードル走で速く走るためには、ハードルをどのように走り越えるのがよいですか。〔A：高く　B：低く〕

説明1　低く走り越えます。振り上げ足をピンと伸ばし、足の裏が見えるように走り越えます。

発問2　スピードを落とさず走り越えるためには、どこから踏み切るとよいですか。〔A：近く　B：遠く〕

説明2　遠くから踏み切ると、ハードルを低く跳び越せるので、スピードが落ちません。

指示2　自分たちの足の長さより少し遠くに目印を置き、そこから踏み切る練習をします。

指示3　ハードルを2台に増やします（3～4人に2台）。2台目のハードルは自由に動かしてよいです。速く走れるインターバルを見つけます。

発問3　速く走るには、どうしたらよいですか。

説明3　同じ足で跳ぶとリズムよく走れます。インターバルが3歩または5歩で走れるように、目印を置きます。

指示4　ハードルを増やし、40～50m走に挑戦します。

❶準備運動、場づくり

↓

❷**発問**　どのように走り越えるのがよいですか。〔A高く・B低く〕
評価の観点　低く走り超える。足の裏が見えているか。

×は❷へ

↓

❸**発問**　どこから踏み切るとよいですか。〔A近く・B遠く〕
評価の観点　目印より遠くから踏み切っているか。

×は❸へ

↓

❹**発問**　速く走るには、どうしたらよいですか。
評価の観点　同じ足で跳んでいるか（3歩または5歩）。

↓

❺**学習カードで評価する**
□成果の確認をする。
□課題の把握をする。

2 NG事例

（1）安全面の指導が不十分（跳び越える方向、高さではなく速さを競うことを指導する）。

（2）準備や場づくりのために実技の時間が少ない（1台のハードルでたくさん跳ばせる）。

（3）全員同じ用具を使う（恐怖心のある子供に応じ、段ボール、ミニハードル、ゴムを活用する等の工夫がない）。

3 場づくり

　準備物／ハードル2人に1台（子供の数に応じて調整する）

（1）「基本の場」……ハードルまでの距離は13m（小学校の陸上競技会で活用されている距離）。

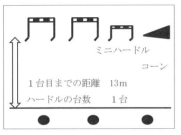

▼ゴムに変更　　　　▼ミニハードル

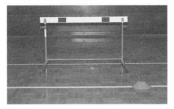

▼踏み切り位置に目印（マーカーやライン）

▼スポンジを巻いたミニハードル

（2）「習熟度別の場Ⅰ」……20m走程度。

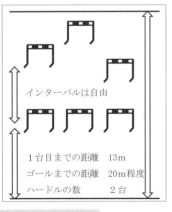

「習熟度別の場Ⅱ」……40〜50m走。

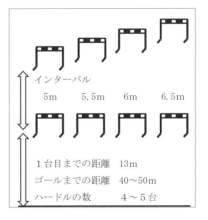

4 ミニコラム

　ハードルで転倒して痛い思いをした経験は、その後の活動に影響を与えかねない。恐怖心や苦手意識をもつ子供のために、ミニハードル、段ボール、寝かせたコーン等の活用や、当たっても痛くないように、ハードルをゴムに変えたり、タオル等で包んだりするなど、安心・安全な場づくりをしていくことが重要である。また、ハードリングが上手になればなるほど、ハードルぎりぎりを跳ぼうとするため、転倒事故が多くなる。台数を増やし、インターバルの走り方を練習する段階で、あらかじめ注意をうながしておきたい。

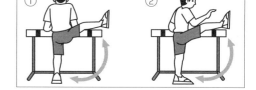

5 方法・手順

（1）ハードルを使った準備運動。

　①ハードルをつかみ、足を左右に大きく振る。

　②ハードルをつかみ、足を前後に大きく振る。

（2）1台のハードルで、ハードルをリズミカルに走り越える練習「低く」「速く」。

　①ハードルの足のある方から自由に跳ぶ。

　②振り上げ足をピンと伸ばし、足の裏が見えるように走る。

　③遠くから跳ぶことを確認し、踏み切り位置に目印を置いて練習する。

　④1台目まで勢いよく走って跳ぶ。

　※「足の裏」「踏み切り位置」は、互いにチェックさせる。

　※1台目までの距離は13ｍ（小学校の陸上競技会で活用されている距離）。

（3）2台のハードルで、インターバルの練習「リズムよく（3歩または5歩）」。

　①2台目のハードルを自由に動かして、速く走れるインターバルを見つける。

　②歩幅の位置に目印を置いて、同じ足で跳ぶ。

　③3歩または5歩でインターバルを走る練習をする。

　※ゴールラインは20ｍ程度にする。

（4）4〜5台のハードルで練習「低く」「速く」「リズムよく」。

　①インターバルを選択して練習する（5ｍ・5.5ｍ・6ｍ・6.5ｍ程度）。

　②40〜50ｍのハードル走の記録を測る。

6 コツ・留意点

（1）子供同士で「足の裏」「踏み切る位置」などをチェックし合う。

（2）踏み切り位置やインターバルの歩幅に目印をつけ、視覚化する。40〜50ｍ走を行う場合は、
　　　インターバルの目印を付けたロープ等（下図）を用意しておくと、準備が簡単にできる。

S			13m										G

（3）バランスを崩してスピードが落ちてしまう場合は、
　　　上体を前傾する、振り上げ足と逆の手を前に出
　　　す、抜き足を横にする、膝を折りたたんで前へ
　　　出す（左図）、などを適宜指導する。

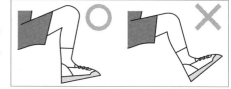

7 この技でのチャンピオンは、ここまでできる！

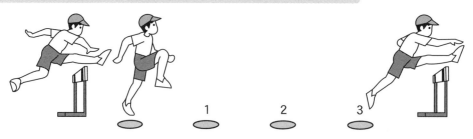

「低く」「速く」「リズム良く」走り越える40〜50m程度のハードル走 その2

年　　　組　　　番（　　　　　　　　　）

レベル	内容	やり方	振り返り
1	**準備運動** 技と自己評価のポイント （膝の伸びた横＆前後振りを） ◎→10回できた／○→5回できた／△→5回未満	①横振り　②前後振り	月　　　日 ・ ・ ・ できばえ ◎ ○ △
2	**足の裏（1台）** （膝をピンと伸ばし、10回中） ◎→8回以上足の裏が見えた ○→5回以上足の裏が見えた △→5回未満	横から　　前から	月　　　日 ・ ・ ・ できばえ ◎ ○ △
3	**踏み切り（1台）** （目印の後ろから、10回中） ◎→8回以上跳べた／○→5回以上跳べた／△→5回未満	目印	月　　　日 ・ ・ ・ できばえ ◎ ○ △
4	**勢いよく（1台）** （1台目まで勢いよく走り、スピードを落とさずに、10回中） ◎→8回以上跳べた／○→5回以上跳べた／△→5回未満	スタートから 勢いよく走る	月　　　日 ・ ・ ・ できばえ ◎ ○ △
5	**インターバル（2台）** （インターバルを）◎→3歩または5歩でリズムよく走る／○→歩幅が変わる／△→止まる	トン　1　2　3 トン　1　2　3　4　5	月　　　日 ・ ・ ・ できばえ ◎ ○ △
6	**40〜50m走（4〜5台）** ◎→スピードを落とさず走る／○→最後まで走る／△→途中で止まる ※跳べるコースを選択する	3歩の場合 スピードを落とさず走る 「低く」「速く」「リズムよく」	月　　　日 ・ ・ ・ できばえ ◎ ○ △

学習カードの使い方：できばえの評価

レベルの評価：◎よくできた／○できた／△もう少し
※振り返りには、「自分で気づいた点」と「友達が見て気づいてくれた点」の両方を書きます。

走り幅跳び

① リズミカルな助走からの走り幅跳び その1

三好保雄

1 展開

（1）学習のねらい

①リズミカルな助走からの走り幅跳びができる（5〜9歩程度の助走。かがみ跳び）。

②自己に適した課題を練習する過程で、考えや気づきを仲間に伝え合うことができる。

（2）学習のねらいを体現する発問・指示

主体的な学びの発問・指示→遠くへ跳ぶためには、助走距離はどのくらいがいいですか。

対話的な学びの発問・指示→遠くへ跳ぶためには、空中から着地は、どうすればいいですか。

深い学びの発問・指示→○○君の踏み切りで、上手なところはどこですか。

指示1　太鼓に合わせて、ケンケンパー⇒ケンケングー⇒右左グーをします。

説明1　走り幅跳びの基礎感覚づくりとしてト・ト・トンのリズムで3歩助走跳びをします。1人3回跳びましょう。

発問1　遠くへ跳ぶためには、助走距離はどのくらいがいいですか。

指示2　踏み切りゾーンに合わせて跳んでみて、自分に合った助走距離を見つけましょう。

発問2　遠くへ跳ぶためには、空中姿勢と着地は、どうすればいいですか。

説明2　皆さんが見つけてくれたように「靴の裏を前の人に見せるように跳ぶ」「振り上げ足や手を振り上げ、「ん」の字のように足を前に出して着地する」といいです。

発問3　○○君の踏み切りで、上手なところはどこですか。

説明3　踏み切りゾーン内の一番前につま先を合わせ、力強く足裏全体で踏むことができるといいです。5歩助走、7歩助走、9歩助走で自分に合った方法を選びましょう。

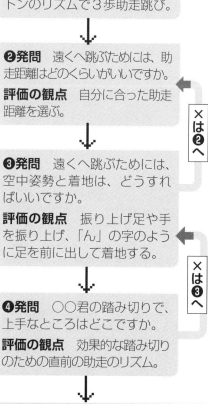

❶基礎感覚づくり　ト・ト・トンのリズムで3歩助走跳び。

❷発問　遠くへ跳ぶためには、助走距離はどのくらいがいいですか。

評価の観点　自分に合った助走距離を選ぶ。

×は❷へ

❸発問　遠くへ跳ぶためには、空中姿勢と着地は、どうすればいいですか。

評価の観点　振り上げ足や手を振り上げ、「ん」の字のように足を前に出して着地する。

×は❸へ

❹発問　○○君の踏み切りで、上手なところはどこですか。

評価の観点　効果的な踏み切りのための直前の助走のリズム。

❺学習カードで評価する
□成果の確認をする。
□課題の把握をする。

2 NG事例

（1）バネの強い「ロイター板」を使うと膝を痛めてしまう危険性があり、踏み切りの習得にはつながらないようである。普通の踏み切り板が、最適である。

（2）踏み切りゾーンを踏み切る瞬間まで見てしまうと、効果的な踏み切りからの跳び出しにならない。目線の向きが大切である。

3 場づくり

準備物／砂場、カラーコーン、距離表示用ゴム紐、踏み切り板、ダンボール箱

（1）「基本の場」

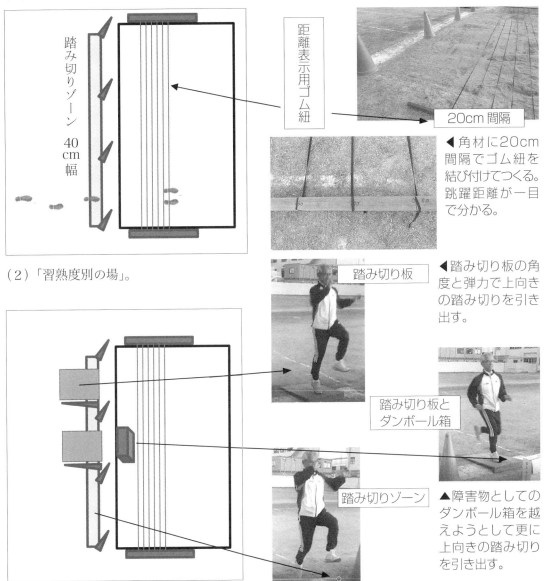

20cm 間隔

◀角材に20cm間隔でゴム紐を結び付けてつくる。跳躍距離が一目で分かる。

（2）「習熟度別の場」。

踏み切り板

◀踏み切り板の角度と弾力で上向きの踏み切りを引き出す。

踏み切り板とダンボール箱

踏み切りゾーン

▲障害物としてのダンボール箱を越えようとして更に上向きの踏み切りを引き出す。

4 ミニコラム

　助走の速さが速くなるほど、遠くに跳ぶことができる。助走距離は、一流競技者で40m以上。20歩以上の距離を取るそうだ。小学生は、助走距離を伸ばしても、踏み切り地点で最高スピードを出すことができないので、助走は短くなる。

　振り上げ足は水平になるくらいまで上げ、踏み切り角度は、20〜24°が最適である。

5 方法・手順

（1）基礎感覚づくり……単元の初めに行なう。毎回の準備運動としても行う。

　　①ケンケンパー　　　　　　　　　　　　②ケンケングー、右左グー

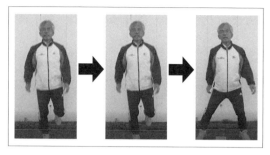 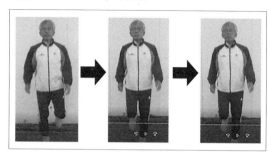

　　②短い助走距離で跳ぶ。3歩助走、ト・ト・トンのリズムで。

（2）跳びやすい助走距離を見つける。

　　①5回跳び、自分の跳びやすい助走距離を見つ
　　　ける。

　　②助走のスタート位置に印を置く。

（3）跳躍距離が伸びる空中姿勢に気づき、できる。

　　①着地前に両足を揃えて前に出す姿勢ができる。「前にいる人に靴の裏を見せて」（「両腕で
　　　真上からぐんと空気を後ろにかいて」）

　　②振り上げ足の膝を引き上げる。両腕も引き上げる。

　　③目線は、足元ではなく水平よりやや上に向ける（「かがみ跳び」）。

（4）跳びやすい踏み切り動作に気づき、できる。

　　①踏み切りゾーンでの踏み切り手前の足の運び方を見つけ、できるようになる。踏み切り
　　　手前の歩幅を小さくして斜め上方への踏み切りができる。

　　②踏み切りゾーンで、足の裏全体での踏み切り動作を見つけ、それができるようになる。

（5）跳躍距離が伸びる空中姿勢を引き出してくれる場で、練習し習熟する。

6 コツ・留意点

　はじめ子供たちは、助走距離を意識する。次に着地姿勢に移る。それから空中姿勢や踏み
切りに注がれるようである。5歩助走では「トン・トン・ト・ト・トン」のリズムで跳ばせ
ると効果的な踏み切りができる。

7 この技でのチャンピオンは、ここまでできる！

水平よりやや上を見て

両腕で真上から
ぐんと空気を後
ろにかいて

前にいる人に
靴の裏を見せて

ふり上げ足の膝を引
き上げる
両腕も引き上げる

リズミカルな助走からの走り幅跳び その1

年　　組　　番（　　　　　　　　　　　）

レベル	内容	やり方	振り返り
1 ケンケンパー・グー　**技と自己評価のポイント**　◎→右左グーができる／○→ケンケングーができる／△→ケンケンパーができる		リズミカルに行う	月　　日 ・ ・ ・ できばえ ◎ ○ △
2 基礎感覚づくり　踏み切りゾーンに合わせて踏み切りの練習をする。◎→ゾーン前方で踏み切る／○→ゾーン内で踏み切る／△→ゾーン外で踏み切る		3歩助走跳び	月　　日 ・ ・ ・ できばえ ◎ ○ △
3 助走距離　自分に合った助走距離を見つける練習をする。◎→見つけることができる／○→もう少しで見つけられる／△→見つけられない	20m　15　10　5		月　　日 ・ ・ ・ できばえ ◎ ○ △
4 空中姿勢・着地　（空中姿勢・着地の練習を）◎→膝と両腕も引き上げ「ん」の字で着地できる／○→「ん」の字で着地できる／△→両方ともできない	両腕の引き上げ　膝の引き上げ　「ん」の字		月　　日 ・ ・ ・ できばえ ◎ ○ △
5 踏み切り　「ト・ト・トン」のリズムで踏み切りの練習をする。◎→強く踏み切れる／○→普通に踏み切れる／△→これらができない	ト・ト・トン　ラスト3歩を大切に		月　　日 ・ ・ ・ できばえ ◎ ○ △
6 課題練習　自分の課題で練習する。◎→協力して練習できる／○→課題が見つけられる／△→課題が見つけられない	自分の課題の場を選ぶ		月　　日 ・ ・ ・ できばえ ◎ ○ △

● 学習カードの使い方：できばえの評価 ●

レベル1～5の評価：◎よくできた／○できた／△もう少し
※振り返りには、「自分で気づいた点」と「友達が見て気づいてくれた点」の両方を書きます。

走り幅跳び

②リズミカルな助走からの走り幅跳び その2

稲嶺 保

1 展開

（1）学習のねらい

①リズミカルな助走から思い切り踏み切ることができる。

②グループで見合うことで、自己の記録の伸びや達成を協力して目指すことができる。

（2）学習のねらいを体現する発問・指示

主体的な学びの発問・指示→記録を伸ばすには、助走をどのようにしたらよいですか。

対話的な学びの発問・指示→踏み切る時の足は、地面にどのように接したらよいですか。

深い学びの発問・指示→空中での姿勢は、どのようにしたらよいですか。

指示1 スタートの姿勢から3歩で踏み切ります。

説明1 走り幅跳びでは、いつも同じ助走距離が必要です。

指示2 2人1組です。1人は、観察します。

説明2 いつも同じ足からスタートします。助走距離が合わせやすくなります。

指示3 同じ足でスタートしていますか。お互いに見合います。

発問1 記録を伸ばすには、助走をどのようにしたらよいですか。

指示4 踏み切り板からスタートします。跳びやすい位置（歩数）で跳びなさい。観察は、歩数と踏み切った位置（何m何cm）を見ておきます。

指示5 踏み切った位置からスタートして、跳びます。観察は、踏み切りの位置を見ます。

発問2 踏み切りが合わない時、どうしたらいいですか（踏み切りより前の時、後ろの時）。

説明3 2人で協力して、自分の助走距離を見つけます。

指示6 助走距離に気を付けながら、測定します。

❶場づくりをする

↓

❷**発問** 記録を伸ばすには、助走をどのようにしたらよいですか。

評価の観点 友達と確認しながら考えを述べている。

↓

❸**発問** 踏み切りが合わない時は、どうしたらいいですか。

評価の観点 踏み切り位置によって、助走距離を長くしたり、短くしたりしている。

↓

❹**学習カードで評価する**

□成果の確認をする。

□課題の把握をする。

×は❷へ

2 NG事例

（1）片足で着地させる。　　⟶　　着地した足に全体重がかかり、怪我をする。

（2）ただ、跳ばせるだけで1時間記録を測らない。　⟶　　やる気を失わせる。

（3）目標（目印や記録）を示さず、跳ばせる。　⟶　　特に苦手な子が興味を失う。

3 場づくり

準備物／砂場、踏み切り板、跳び箱、ウレタンマット、メジャー

※図中の①②③は、子供を表している。

（1）「基本の場」　　　　　　　　　　　　　　　　　　（2）「習熟度別の場 I 」

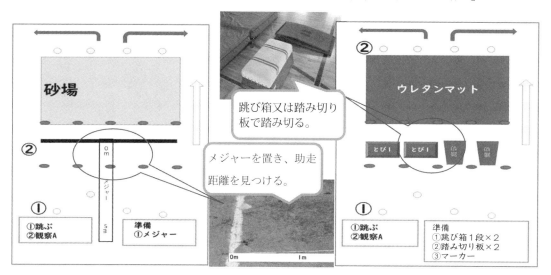

（3）「習熟度別の場 II 」※図中の①～④、❶～❹は、4人チームを表している。

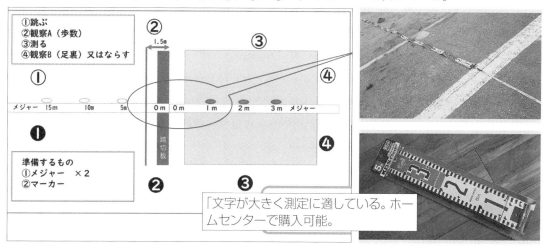

「文字が大きく測定に適している。ホームセンターで購入可能。」

4 ミニコラム

子供の意欲を引き出すために子供へ「目標記録」を示すとよい。

（1）初回の記録からプラス何cm

（2）立ち幅跳びの記録×1.7

（3）50m走の記録から計算（体育の指導書に記載）

自己の記録に応じて、目標記録が設定できるので、苦手な子供にも意欲を持たせることができる。

目標記録との差からの得点表 『走り幅跳び新ドリル』（明治図書）より

目標記録との差	得点
40cm ～	10
30cm ～ 39cm	9
20cm ～ 29cm	8
10cm ～ 19cm	7
0cm ～ 9cm	6
−9cm ～ −1cm	5
−19cm ～ −10cm	4
−29cm ～ −20cm	3
−39cm ～ −30cm	2
−40cm ～	1

1 体つくりの運動遊び／体つくり運動

2 走・跳の運動遊び／陸上運動

5 方法・手順

（1）「基本の場」（→学習カードレベル１～２）。

　①準備運動として基礎感覚づくりと下半身の柔軟。

　②３歩助走「ターン・タ・タン」で踏み切る。

　③５歩助走「１・２・ターン・タ・タン」で踏み切る。

　④踏み切り前でちょこちょこ走りをしない。

（2）「習熟度別の場Ⅰ」（→学習カードレベル３～４）。

　①とび箱や踏み切り板を使った踏み切りから、両足
　　裏を向こう側の人（観察）へ見せる。（右図）

　②踏み切り後、両腕は体を持ち上げるように上部へ
　　振り上げ、着地時は両腕を振り下ろす。立ち幅跳
　　び時の両腕の動きと同じである。

（3）「習熟度別の場Ⅱ」（→学習カードレベル５～６）。

　①自分の助走距離を見つける。

　②チームで協力して、記録を伸ばす。

「ターン・タ・タン」

観察

利き足

踏み切り足

6 コツ・留意点

（1）踏み切り足の見つけ方

　踏み切り足は、「利き足ではない」足である（右上図）。

（2）踏み切り「ターン・タ・タン」のリズム（右図）

　踏み切りの足運びは普段の生活ではなかなか行わない。

　「ターン・タ・タン」のリズムでスキップを行い、踏み切りに慣れさせることが必要である。

（3）踏み切りは「マリオのジャンプ」のイメージ

　踏み切りでは、スピードに乗りすぎてしまうとそのまま通り過ぎてしまう。そこで、踏み切りは、「マリオのジャンプ」をイメージさせる。片手を振り上げて跳ぶマリオである。

7 この技でのチャンピオンは、ここまでできる！

マリオのように腕を振り上げる

踏み切り板で踏み切る

両手万歳から、振り下ろす

しゃがんで着地

両足裏を見せる

リズミカルな助走からの走り幅跳び その2

年　　　組　　　番（　　　　　　　　　　　　　）

レベル	内容	やり方	振り返り
1	**適度な助走** 技（わざ）と自己評価（じこひょうか）のポイント （スピードを落とさずに）◎→踏み切り板で踏み切ることができた／○→踏み切り板前で踏み切ることができた／△→助走距離を見つけることができた	1.5m 踏み切り前で「ちょこちょこ」しない	月　　　日 ・ ・ ・ できばえ ◎ ○ △
2	**3歩踏み切り** （3歩助走から踏み切り板で）◎→踏み切ることができた／○→前で踏み切ることができた／△→リズムよくできた	「ターン・タ・タン」	月　　　日 ・ ・ ・ できばえ ◎ ○ △
3	**空中姿勢** （空中姿勢で）◎→しゃがんで着地ができた／○→両手振りおろしができた／△→両手振りあげができた	「オオワシが舞い降りるように着地」	月　　　日 ・ ・ ・ できばえ ◎ ○ △
4	**両足着地** 両足裏を見せて着地する。◎→両足裏を見せてできた／○→片足裏を見せてできた／△→両足で着地ができた	観察は、向こう側に立ち、足裏を確認する	月　　　日 ・ ・ ・ できばえ ◎ ○ △
5	**目標記録達成** （目標記録が）◎→8点以上／○→6点以上／△→4点以上		月　　　日 ・ ・ ・ できばえ ◎ ○ △
6	**チームで協力する** チームで記録を達成する。◎→合計30点以上／○→合計20点以上／△→合計10点以上	グループの得点を合計する	月　　　日 ・ ・ ・ できばえ ◎ ○ △

学習カードの使い方：できばえの評価

レベル1〜6の評価：◎よくできた／○できた／△もう少し
※振り返りには、「自分で気づいた点」と「友達が見て気づいてくれた点」の両方を書きます。

走り高跳び

①リズミカルな助走からの走り高跳び その1

太田健二

❶ 展開

（1）学習のねらい

　①リズミカルな助走から強く踏み切って、高く跳ぶことができる。

　②仲間と協力して、楽しく活動できる態度を身につける。

（2）学習のねらいを体現する発問・指示

　主体的な学びの発問・指示→3歩・5歩・7歩のリズムで跳びなさい。

　対話的な学びの発問・指示→グループで動きを撮影し合います。課題を見つけ、アドバイスし合って練習しなさい。

　深い学びの発問・指示→着地する時は、どこを見たらよいですか。

指示1　3歩のリズム「ト・ト・トーン」、5歩のリズム「トン・トーン・ト・ト・トーン」、7歩のリズム「トン・トン・トン・トーン・ト・ト・トーン」で跳びなさい。

発問1　足のどこで踏み切りますか。

　　　　〔A：つま先　B：かかと　C：足の裏全体〕

指示2　両腕を引き上げて反動をつけなさい。

指示3　かかとをお尻から遠ざけなさい。

発問2　着地する時は、どこを見たらよいですか。

　　　　〔A：足　　B：バー　　C：マット〕

指示4　グループで動きを撮影し合います。課題を見つけ、アドバイスし合って練習しなさい。

指示5　記録に挑戦します。

❷ NG事例

（1）競技用のバーやセーフティマットなど、正式な用具にこだわる。→ゴム紐、マットなど、子供が安心して取り組めるものがよい。

（2）1か所で全員行う。失敗した子はすることがなくなってしまう。→グループ数の分、場を用意し、運動量を確保する。

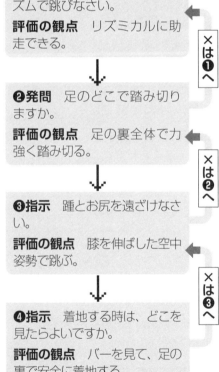

❶**指示**　3歩・5歩・7歩のリズムで跳びなさい。

評価の観点　リズミカルに助走できる。

❷**発問**　足のどこで踏み切りますか。

評価の観点　足の裏全体で力強く踏み切る。

❸**指示**　踵とお尻を遠ざけなさい。

評価の観点　膝を伸ばした空中姿勢で跳ぶ。

❹**指示**　着地する時は、どこを見たらよいですか。

評価の観点　バーを見て、足の裏で安全に着地する。

❺**学習カードで評価する**

□成果の確認をする。

□課題の把握をする。

×は❶へ

×は❷へ

×は❸へ

3 場づくり

準備物／ゴム紐、高跳び用スタンド、ケンステップ、マット、踏み切り板

（1）「基本の場」

● 3歩助走では、ケンステップを3つ置き、「ト・ト・トーン」のリズムで跳ぶ。
● 5歩助走の2歩目のところに踏み切り板を置き、「トン・トーン・ト・ト・トーン」となる。踏み切り板を置くことにより、歩幅が広くなり、膝の沈み込みができる。
● 7歩助走の場合は、「トン・トン・トン・トーン・ト・ト・トーン」となる。

（2）「習熟度別の場 I 」

【踏み切りや抜き足の課題がある場合】
● 最後の1歩の位置に踏み切り板を置くことによって、足の裏全体で力強く踏み切る感覚をつかむことができる。
● 抜き足に課題がある場合は、バーやゴム紐を2本設置する。自然に抜き足を横に向ける動きができるようになる。

（3）「習熟度別の場 II 」

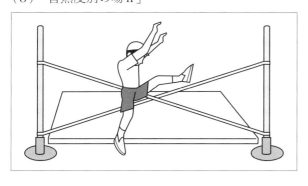

【足の入れ替えに課題がある場合】
● 踏み切り足や振り上げ足の動きを意識しやすくする場としては、X型にゴム紐を張った場が有効である。足の入れ替えが容易にできるようになる。

4 ミニコラム

　オリンピックなどの陸上競技大会では、高跳びの選手はカーブでの助走をしている。そのイメージから、カーブを描いて助走するのが正しいと考えている子供は少なくない。

　高跳びの選手がカーブで助走するのは、背面跳びだからである。小学生が行うはさみ跳びでは、カーブ助走は有効ではない。カーブで走るとスピードに乗ることができず、足首に負担がかかりやすくなって、怪我の原因にもなる。

5 方法・手順

（1）助走。

　　①3歩助走→「ト・ト・トーン」。

　　②5歩助走→「トン・トーン・ト・ト・トーン」。

　　③7歩助走→「トン・トン・トン・トーン・ト・ト・トーン」。

（2）踏み切り。

　　①踵から入って足の裏全体で力強く踏み切る。

　　②1歩助走で何度も練習する。

（3）空中姿勢。

　　①両手で反動を付け、体を引き上げる。

　　②踏み切り足を素早く胸に引き付ける。

　　③振り上げ足を伸ばす。

（4）着地。

　　①両足で安全に着地する。

6 コツ・留意点

（1）グループの仲間が跳ぶ際には、一緒に「ト・ト・トーン」とリズム言葉をかけるようにする。

（2）直線助走し、バーに対して30〜45°の角度で入りやすいように、地面にラインを引いておく。

（3）タブレット等のICT機器を活用して、グループの仲間と動きを撮影し合い、自分の課題を見つける。

（4）単元の初めと終わりに記録を測定し、最初の記録からどれぐらい伸びたか、5cmごとに得点化する。個人の点数の伸び、グループの合計の伸び、クラスの合計の伸びで評価する。

はじめの記録	1点	2点	3点	4点	5点
（例）　　90cm	95cm	100cm	105cm	110cm

7 この技でのチャンピオンは、ここまでできる！

　上手な子は跳ぶ際に視線をバー（ゴム紐）の方に向けている。バーを見ることによって、上体のひねりが生まれる。そのひねりによって、抜き足が自然に横を向くとともに、重心が高くなって、足の裏での安全な着地がしやすくなる。

リズミカルな助走からの走り高跳び その1

年　　　組　　　番（　　　　　　　　　　）

レベル	内容	やり方	振り返り
1 助走	**技**（わざ）と**自己評価**（じこひょうか）の**ポイント** リズミカルな助走の練習をする。 ◎→7歩助走ができる ○→5歩助走ができる △→3歩助走ができる		月　　　日 ・ ・ ・ できばえ ◎　○　△
2 踏み切り	足裏全体で、力強い踏み切りの練習をする。 ◎→足裏全体で力強く踏み切れる ○→足の裏で踏み切れる △→足の裏で踏み切れない	踵から入り、足裏全体で	月　　　日 ・ ・ ・ できばえ ◎　○　△
3 空中姿勢（1）	両腕を引き上げ、高く跳ぶ練習をする。 ◎→両腕を引き上げてできる ○→片手を引き上げてできる △→腕が上がらない	両腕を上げる	月　　　日 ・ ・ ・ できばえ ◎　○　△
4 空中姿勢（2）	振り上げ足を伸ばして、高く跳ぶ練習をする。 ◎→振り上げ足を伸ばしてできる ○→振り上げ足を上げてできる △→振り上げ足を上がらない	振り上げ足を伸ばす	月　　　日 ・ ・ ・ できばえ ◎　○　△
5 着地	足の裏で安全に着地する練習をする。 ◎→バーを見て安全に着地できる ○→足の裏で安全に着地できる △→バランスを崩して着地する	バーを見て、足の裏で着地	月　　　日 ・ ・ ・ できばえ ◎　○　△

● 学習カードの使い方：できばえの評価 ●

レベルの評価：◎よくできた／○できた／△もう少し
※振り返りには、「自分で気づいた点」と「友達が見て気づいてくれた点」の両方を書きます。

199

走り高跳び

② リズミカルな助走からの走り高跳び その2

石神喜寛

1 展開

（1）学習のねらい

①5～7歩程度のリズミカルな助走から力強く踏み切って跳ぶことができる。

②自己の能力に適した課題をもち、安全に気を付けて運動できる態度を身につける。

（2）学習のねらいを体現する発問・指示

主体的な学びの発問・指示→跳びやすい助走は何歩がよいですか。

対話的な学びの発問・指示→高く跳べる友達の動きは、どこがよいですか。

深い学びの発問・指示→着地の時、バー、マット、足のどこを見ればいいですか。

指示1　またぎ越しをします。足の裏が見えるようにまたぎます。

指示2　ゴム紐を持っている人は、友達の足の裏が見えているか判定します。

発問1　どちらの足を先に上げた方がまたぎやすいですか。

指示3　1歩の助走で跳びます。友達に足の裏が見えるように跳びます。

指示4　次、3歩の助走で跳びます。

発問2　跳びやすい助走は何歩がよいですか。
〔3歩、5歩、7歩〕

指示5　跳んで確かめてごらんなさい。

発問3　高く跳べる友達の動きは、どこが良いですか。

説明1　リズムよく助走すると、力強い踏み切りにつながります。

指示6　もう一度、練習してごらんなさい。

発問4　着地のとき、どこを見ればいいですか。
〔A：自分の足　B：バー　C：マット〕

指示7　跳んで確かめてごらんなさい。

説明2　着地のときは、バーを見ます。バーを見た方が、足が上がりやすくなります。

指示8　学習カードに記録や反省を書きます。

2 NG事例

（1）恐怖心のある子をバーで跳ばせる。

（2）リズムを意識せず、速い助走で跳ばせる。

（3）セーフティーマットに腰や背中から着地させる。

❶指示　足の裏が見えるようにまたぎます。

↓

❷指示　跳びやすい助走は何歩がよいですか。

評価の観点　リズミカルな助走から力強く踏み切れている。

↓

❸発問　高く跳べる友達の動きは、どこがよいですか。

評価の観点　友達の跳び方を見て、高く跳ぶコツを見つけているか。

↓

❹発問　着地の時、バー、マット、足のどこを見ればいいですか。

評価の観点　体をひねり、抜き足を高く上げている。

↓

❺学習カードで評価する

□成果の確認をする。

□課題の把握をする。

×は❷へ

×は❸へ

3 場づくり

　準備物／ゴム紐人数分÷2本、高跳び用スタンド4組、セーフティーマット（マットも可）、踏み切り板4台、ペットボトルキャップ人数分（子供に用意させてもよい）

（1）「基本の場」

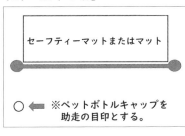

ゴム紐の中心を示す紙

ペットボトルキャップに番号を書き、助走スタートの目印にする。

（2）「習熟度別の場」……自分の課題に適した場を選んで、練習する。

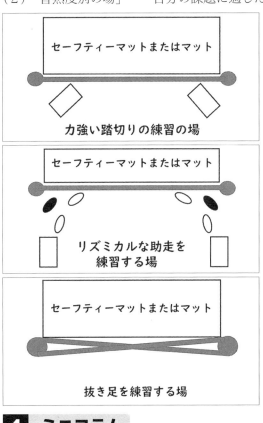

4 ミニコラム

　走り高跳びは、体の重心を高くし跳躍する運動である。走り高跳びを行う上で、特に難しいのが踏み切りである。子供たちは、前に跳ぶ経験はあるが、上に跳ぶ経験は少ない。そのため、力強く踏み切って上に跳ぶという感覚が養われていない。そのことを教師が認識し、ゴム紐のまたぎ越しから徐々に踏み切りへとつなげたスモールステップでの指導が大切である。

　走り高跳びに恐怖心を抱く理由の中で多いのが、バーに体が当たることである。そのため、ゴム紐を活用する。ゴム紐は、当たっても痛くない、高さの調節が容易である、多くの場づくりができるなどの利点がある。

1 体つくりの運動遊び／体つくり運動

2 走・跳の運動遊び／陸上運動

5 方法・手順

（1）足を高く上げる。

　①ゴム紐をまたぎ、またぎやすい足を見つける。

　②振り上げ足の足の裏が見えるようにまたぐ。

　③振り上げ足と抜き足の足の裏が見えるようにまたぐ。

　④抜き足が振り上げ足よりも高く上がるようにまたぐ。

　⑤連続のまたぎ越しをする。

（2）リズミカルな助走。

　⑥1歩の助走で跳ぶ。ゴム紐の高さは子供の膝程度。

　⑦3歩の助走で跳ぶ。踵から踏み切る。

　⑧5歩の助走で跳ぶ。円を描くように助走する。

　⑨7歩の助走で跳ぶ。助走のスピードを活かして跳躍する。

3歩助走

▲踏み切りは踵から

5歩助走

▲円を描くように助走

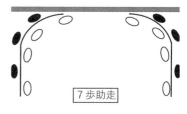

7歩助走

▲1〜2歩目の助走は直線

（3）跳び越し・着地。

　⑩バー（ゴム紐）の真ん中を跳べぶ。必ず足から着地する。

　⑪跳び越して着地するまでバー（ゴム紐）を見る。

6 コツ・留意点

（1）跳び越す時に、両方の足の裏が見える
　　ようにする。

（2）自分に合ったリズミカルな助走から力
　　強い踏み切りにつなげる。

（3）跳び越して着地するまでは、バー（ゴム
　　紐）を見るようにする。

7 この技でのチャンピオンは、ここまでできる！

　7歩の助走でもスピードを活かしたリズミカルな跳躍ができる。

リズミカルな助走からの走り高跳び その2

年　　組　　番（　　　　　　　　　　　　　）

レベル	内容	やり方	振り返り
1 またぎこし 技(わざ)と自己評価(じこひょうか)のポイント 振り上げの足のが見えるようにまたぐ。◎→両足の裏が見える／○→振り上げの足の裏が見える／△→足の裏が見えない		足の裏が見えるようにまたぐ	月　　　日 • • • できばえ ◎ ○ △
2 助走のリズム ◎→3歩助走でリズミカルに踏み切る／○→リズミカルに踏み切れている／△→リズミカルに踏み切れない		自分に合ったリズムで助走しよう	月　　　日 • • • できばえ ◎ ○ △
3 助走を伸ばして跳ぶ ◎→7歩助走でリズミカルに跳べる／○→5歩助走でリズミカルに跳べる／△→跳べていない		助走を伸ばしてみよう	月　　　日 • • • できばえ ◎ ○ △
4 抜き足を高く上げる ◎→抜き足の膝を胸に引きつけ、抜きの足の裏が見える／○→抜きの足の裏が見える／△→抜きの足の裏が見えない		振り上げ足よりも高く上げよう	月　　　日 • • • できばえ ◎ ○ △
5 バーを見ながら跳ぶ ◎→助走から着地するまでバーを見ることができた／○→助走から跳ぶまでバーを見ることができた／△→バーを見ることができなかった		助走から着地までバーを見よう	月　　　日 • • • できばえ ◎ ○ △
6 安定した着地 ◎→バーの中心付近で跳び、足から着地できた／○→足から着地できた／△→足から着地できなかった		足から着地しよう	月　　　日 • • • できばえ ◎ ○ △

学習カードの使い方：できばえの評価

レベルの評価：◎よくできた／○できた／△もう少し
※振り返りには、「自分で気づいた点」と「友達が見て気づいてくれた点」の両方を書きます。

203

全動画 ウェブ・ナビゲーション
Web Navigation

パソコンで視聴する場合には、以下のQRコードとURLから、
本書の各「学習カード」末尾に掲載した
QRコードの全動画にアクセスすることができる。

https://www.gakugeimirai.jp/9784909783790-video

1 体つくりの運動遊び／体つくり運動

低学年

p.10-13	用具を使った運動遊び
スマートフォン・タブレットで視聴の場合はこちら	

p.18-21	回るなどの動きの運動遊び
スマートフォン・タブレットで視聴の場合はこちら	

p.14-17	リズムに乗って、心が弾む動作の運動遊び
スマートフォン・タブレットで視聴の場合はこちら	

p.22-25	寝ころぶ、起きるなどの動きの運動遊び
スマートフォン・タブレットで視聴の場合はこちら	

中学年

全動画ウェブ・ナビゲーション

p.66-69	**用具を投げる、捕る、振る などの動きの運動**

スマートフォン・タブレットで視聴の場合はこちら →

p.78-81	**物にぶら下がるなどの 動きの運動**

スマートフォン・タブレットで視聴の場合はこちら →

p.70-73	**用具を跳ぶなどの 動きの運動**

スマートフォン・タブレットで視聴の場合はこちら →

p.82-85	**バランスをとりながら 移動するなどの動きの運動**

スマートフォン・タブレットで視聴の場合はこちら →

p.74-77	**人を押す、引く動きや力比べ をするなどの動きの運動**

スマートフォン・タブレットで視聴の場合はこちら →

高学年

p.86-89	**グループや学級の仲間と 力を合わせて挑戦する運動**

スマートフォン・タブレットで視聴の場合はこちら →

p.94-97	**伸び伸びとした動作で全身を動かした り、多様な用具を用いたりした運動**

スマートフォン・タブレットで視聴の場合はこちら →

p.90-93	**伝承遊びや集団による運動**

スマートフォン・タブレットで視聴の場合はこちら →

p.98-101	**徒手での運動**

スマートフォン・タブレットで視聴の場合はこちら →

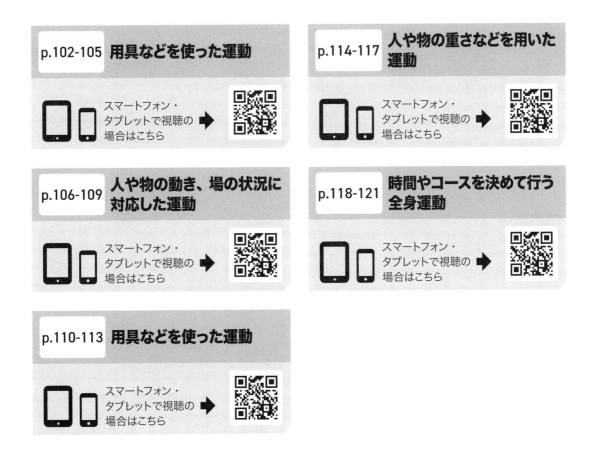

p.102-105 　**用具などを使った運動**
スマートフォン・タブレットで視聴の場合はこちら ➡

p.114-117 　**人や物の重さなどを用いた運動**
スマートフォン・タブレットで視聴の場合はこちら ➡

p.106-109 　**人や物の動き、場の状況に対応した運動**
スマートフォン・タブレットで視聴の場合はこちら ➡

p.118-121 　**時間やコースを決めて行う全身運動**
スマートフォン・タブレットで視聴の場合はこちら ➡

p.110-113 　**用具などを使った運動**
スマートフォン・タブレットで視聴の場合はこちら ➡

2 走・跳の運動遊び／陸上運動

低学年

p.124-127 　**かけっこ**
スマートフォン・タブレットで視聴の場合はこちら ➡

p.128-131 　**折り返しリレー**
スマートフォン・タブレットで視聴の場合はこちら ➡

全動画ウェブ・ナビゲーション

p.132-135 低い障害物を使ったリレー

スマートフォン・タブレットで視聴の場合はこちら

p.140-143 ケンパー跳び遊び

スマートフォン・タブレットで視聴の場合はこちら

p.136-139 幅跳び遊び

スマートフォン・タブレットで視聴の場合はこちら

p.144-147 ゴム跳び遊び

スマートフォン・タブレットで視聴の場合はこちら

中学年

p.148-151 30〜50m程度のかけっこ

スマートフォン・タブレットで視聴の場合はこちら

p.160-163 30〜40m程度の小型ハードル走

スマートフォン・タブレットで視聴の場合はこちら

p.152-155 回旋リレー

スマートフォン・タブレットで視聴の場合はこちら

p.164-167 短い助走からの幅跳び

スマートフォン・タブレットで視聴の場合はこちら

p.156-159 30〜50m程度のかけっこ

スマートフォン・タブレットで視聴の場合はこちら

p.168-171 短い助走からの高跳び

スマートフォン・タブレットで視聴の場合はこちら

高学年

p.172-175　40〜60m程度の短距離走

スマートフォン・タブレットで視聴の場合はこちら ➡

p.188-191　リズミカルな助走からの走り幅跳び　その1

スマートフォン・タブレットで視聴の場合はこちら ➡

p.176-179　いろいろな距離でのリレー

スマートフォン・タブレットで視聴の場合はこちら ➡

p.192-195　リズミカルな助走からの走り幅跳び　その2

スマートフォン・タブレットで視聴の場合はこちら ➡

p.180-183　40〜50m程度のハードル走　その1

スマートフォン・タブレットで視聴の場合はこちら ➡

p.196-199　リズミカルな助走からの走り高跳び　その1

スマートフォン・タブレットで視聴の場合はこちら ➡

p.184-187　40〜50m程度のハードル走　その2

スマートフォン・タブレットで視聴の場合はこちら ➡

p.200-203　リズミカルな助走からの走り高跳び　その2

スマートフォン・タブレットで視聴の場合はこちら ➡

あとがき

本書の特長は学習カードの工夫と動画の導入である。

体育科においては、運動が「できる」ことと同様に、「分かる」ことも大切である。

体育科における「分かる」とは次のような状態であると考えている。

①運動の技能的なコツや動きのイメージをつかむこと
②自分や友達の動きを分析して課題が分かること
③課題を克服するための手段や練習方法が分かること

つまり、「お互いに方法やコツを伝え合う」「友達との関わりが生まれる」「アドバイスにより技が高まるような学習ができる」──この流れが、体育科における「主体的・対話的で深い学び」につながる。

本書ではその1つの方法として学習カードを用いた。

学習カードには、内容、手順・方法、技ができるようになるポイント、技の質を高めるためのポイント、場づくりの工夫、評価基準の設定がされている。

以下に、本書収録の髙玉ひろみ氏の「ハードル走」の実践を示す。

レベル	内容	指導のポイント	評価基準
1	膝の伸びた振り	①横振り　②前後振り	◎10回できた　○5回できた △5回未満
2	足裏を見せる指導	①横から　②前から	◎8回以上　○5回以上 △5回未満
3	踏み切り指導	目印の後ろから跳ぶ	◎8回以上　○5回以上 △5回未満
4	1台のハードル	勢いよく走る	◎8回以上　○5回以上 △5回未満
5	2台のハードル	3歩・5歩のリズムで	◎リズムよく　○歩幅を変えて △止まる
6	4～5台のハードル	低く、速く、リズムよく	◎スピード　○最後まで △途中で止まる

この順番に学習していくと、どの子供もハードル走が楽しくできるようになる。

しかも指導のポイントが示されているので、子供同士の教え合いができる。お互いに方法やコツを伝え合う。友達との関わりが生まれる。結果として、運動することの楽しさが味わえる。

　しかもこの学習カードに沿った動画が見られる。文字だけでは理解が難しい「ハードル走」が動画によってイメージ化できる。実際の映像を見ることでイメージを共有できる。しかも、評価基準が映像で示されている。

　子供が主体的に学べる学習カードとイメージ化を図る動画の一体化で、今までになかった新しい学習が可能となる。本書を活用して、「主体的・対話的で深い学び」の学習を実現してほしい。

　本書をまとめるにあたり、学芸みらい社の樋口雅子氏には教科担任制に向けた専門性に応える必要性を、学芸みらい社社長小島直人氏には動画を取り入れる必要性をご指導いただいた。佐藤大輔氏、渡部恭子氏には動画作成にご協力をいただいた。

　ご協力いただいた皆様に深く感謝申し上げたい。

2021年5月31日

根本正雄

根本正雄(ねもと・まさお)

1949年、茨城県生まれ。千葉大学教育学部卒業後、千葉県内の小学校教諭・教頭・校長を歴任。TOSS体育授業研究会代表を務めるとともに「根本体育」を提唱。現在は、「誰でもできる楽しい体育」の指導法を開発し、全国各地の体育研究会、セミナー等に参加し、普及にあたる。主な著書・編著書に以下がある。

【著書】
『さか上がりは誰でもできる』(明治図書、1986年)
『体育科発問の定石化』(明治図書、1987年)
『習熟過程を生かした体育指導の改革』(明治図書、1997年)
『体育の基本的授業スタイル──1時間の流れをつくる法則』(明治図書、2014年)
『世界に通用する伝統文化　体育指導技術』(学芸みらい社、2011年)
『全員達成！魔法の立ち幅跳び──「探偵！ナイトスクープ」のドラマ再現』(学芸みらい社、2012年)
『イラストで早わかり！超入門 体育授業の原則』(学芸みらい社、2021年)

【編著書】
『運動会企画──アクティブ・ラーニング発想を入れた面白カタログ事典』(学芸みらい社、2016年)
『発達障害児を救う体育指導──激変! 感覚統合スキル95』(学芸みらい社、2017年)
『0歳からの体幹遊び』(冨山房インターナショナル、2019年)
『動画で早わかり！「教科担任制」時代の新しい体育指導──器械運動編』(学芸みらい社、2020年)

執筆者一覧

根本正雄	TOSS体育授業研究会代表	大松幹生	京都府公立小学校
金子真理	高知県高知市立横内小学校	伊藤篤志	愛媛県西条市立禎瑞小学校
硲田 栄	都内体操教室主宰	橋本 諒	静岡県公立小学校
行方幸夫	東京都公立小学校	東條正興	千葉県柏市立手賀西小学校
川口達実	富山県射水市立小杉小学校	木田健太	愛知県稲沢市立下津小学校
佐藤大輔	栃木県宇都宮市立峰小学校	松本一真	愛媛県西条市立丹原東中学校
山口順也	習志野市立鷺沼小学校	工藤俊輔	埼玉県公立小学校
三島麻美	島根県公立小学校	本田和明	岡山県総社市立山手小学校
井上 武	愛媛県愛南町立城辺小学校	小野正史	北海道真狩村立真狩小学校
野田晴高	新潟県立上越特別支援学校	髙橋智弥	埼玉県公立小学校
岡麻知子	宮城県公立小学校	石橋禎恵	広島県東広島市立板城小学校
和田恵吾	千葉県柏市立土小学校	又井裕一郎	東京都公立小学校
小野宏二	島根県公立小学校	大中州明	奈良県香芝市立旭ケ丘小学校
若井貴裕	滋賀県公立小学校	本吉伸行	大阪府摂津市立鳥飼小学校
竹内進悟	長野県長野市立寺尾小学校	大貝浩蔵	山口県下関市立安岡小学校
中嶋剛彦	島根県公立小学校	表 克昌	富山県公立小学校
高遠英俊	愛知県日進市立竹の山小学校	澤村直樹	元三重県公立小学校
角家 元	北海道公立小学校	樋山結斗	東京都公立小学校
木原 航	佐賀県武雄市立山内東小学校	髙玉ひろみ	北海道公立中学校
柏倉崇志	北海道士別市立士別小学校	三好保雄	山口県宇部市立恩田小学校
永野 拓	大阪府和泉市立北松尾小学校	稲嶺 保	沖縄県沖縄市立比屋根小学校
佐藤貴子	愛知県愛西市立西川端小学校	太田健二	宮城県公立小学校
上川 晃	三重県伊勢市立浜郷小学校	石神喜寛	千葉県柏市立西原小学校

動画で早わかり！

「教科担任制」時代の新しい体育指導
体つくり運動・陸上運動 編

GAKUGEI
MIRAISHA

2021年7月5日　初版発行

編著者　根本正雄
発行者　小島直人
発行所　株式会社 学芸みらい社
　　　　〒162-0833 東京都新宿区箪笥町31 箪笥町SKビル
　　　　電話番号：03-5227-1266
　　　　HP：http://www.gakugeimirai.jp/
　　　　E-mail：info@gakugeimirai.jp
印刷所・製本所　藤原印刷株式会社
ブックデザイン　吉久隆志・古川美佐（エディプレッション）
校　正　境田稔信
本文イラスト　げんゆうてん（p.13,23,24,25,27,28,29,48,49,72,120,121,133,134,135,145,146,147,161,
　　　　　　　　　　　　162,163,173,174,175,181,182,183,186,187,190,191,194,195,197,198,199.）

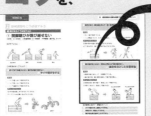

新学習指導要領における特別支援教育・体育指導のスキルをどう改善していけばよいのか。

1 「ユニバーサルデザイン授業」を目指した体育指導
2 特別支援教育と体育の融合で効果的なアプローチを考える

それには、● 姿勢・動作・運動のつまずきの背景にある「初期感覚」を育てる
● 運動の「基礎感覚」を育てる
● 焦点化・視角化・共有化を誰でも出来るようになる指導法

を中心に、全単元での指導ポイントを網羅！

B5判ソフトカバー　176ページ

定価：本体2300円（税別）
ISBN978-4-908637-56-8

激変！感覚統合スキル95

発達障害児を救う体育指導

根本正雄：編
小野隆行：指導

忽ち重版！

【本書の内容】